INVENTEMOS BITCOIN

LA EXPLICACIÓN SOBRE EL PRIMER DINERO
VERDADERAMENTE ESCASO Y DESCENTRALIZADO

YAN PRITZKER

Traducido por
ADOLFO CONTRERAS

Ilustrado por
NICHOLAS EVANS

Get the updated version online at inventingbitcoin.com

Traducción al español: Adolfo Contreras

Revisión de la traducción: Miguel Vidal

———

Dedico este libro a mis padres Yury y Lana, quienes nos sacaron de la antigua URSS, un régimen autocrático con estrictos controles de capital.

———

También está dedicado a mi mujer Jessica, que ha tenido que soportar mi incapacidad para parar de hablar sobre Bitcoin y el haber estado trabajando hasta tarde muchas noches para acabar este libro.

INTRODUCCIÓN

Cuando mucha gente oye hablar sobre Bitcoin por primera vez, tienden a formarse una opinión incluso antes de entenderlo. Hay tanto ruido por ahí, que es fácil hacerse una idea equivocada sobre lo que es y cómo funciona. Hasta hace 3 años, yo era una de esas personas.

¿Por qué decidí escribir este libro? He pasado los últimos 20 años creando startups tecnológicas. Me sumerjo cada día en nuevas tecnologías y se me da bastante bien entender este tipo de cosas. Aún así, me llevó 5 años desde la primera vez que oí hablar sobre Bitcoin hasta que realmente me senté a tratar de entenderlo. Tengo la sensación de no ser el único que podría agradecer algo de ayuda para entender esta innovación que puede potencialmente cambiar el mundo.

La primera vez que oí hablar de Bitcoin fue en 2011 en slashdot.org, un sitio de noticias para frikis. Por aquel entonces, el precio de Bitcoin había subido "hasta la estratosfera" hasta un pico de la burbuja de alrededor de $30 por moneda. Todo lo que sabía es que alguna gente en Internet estaba intentando empezar algún tipo de sistema de pagos de persona a persona (o en inglés *peer to peer*). Sin saber nada de lo que era, cómo funcionaba o nada en absoluto sobre los ciclos del mercado, decidí que debería comprar algunas monedas en caso de que pudiese convertirse en algo importante. Usé un sitio web con un aspecto horroroso que se llamaba Mt. Gox para hacerlo. Esta plataforma de intercambio de dólares a bitcoins resultó ser insolvente no mucho después.

Vi como mi inversión se reducía a casi nada y como el precio se hundía desde los \$30 a los \$2. En algún momento, me olvidé de ellos por completo y seguí con mi vida creando startups. Ni siquiera sé qué pasó con esas monedas. Imagino que las claves para acceder a ellas están almacenadas en el disco duro de algún portátil, descansando en un vertedero en alguna parte.

En 2013 volví a oír hablar de Bitcoin nuevamente. Esta vez, el ruido en los medios era más alto y ahora la experiencia de comprar era mucho mejor. Había aplicaciones como Coinbase que tenían mucho mejor aspecto. Esto parecía una mejoría notable desde los días de Mt. Gox. Me dio la impresión de que Bitcoin podía realmente convertirse en algo importante.

En caso de que así sucediese y nuevamente sin saber absolutamente nada sobre ella, compré en la cima de la burbuja (en los alrededores de los \$1000 por Bitcoin) y nuevamente vi como mi inversión se diezmaba mientras bajaba a \$200. Esta vez, pensé que no era suficiente dinero como para molestarme en venderlos, así que los ignoré, y procedí a seguir con mi vida dado que estaba totalmente involucrado en mi nueva startup: Reverb.com.

Durante los siguientes cuatro años, Reverb creció rápidamente, convirtiéndose en el destino número uno para músicos. Estaba consiguiendo algo importante y trayendo música a la gente. Era el CTO de una emocionante compañía tecnológica, haciendo algo con lo que estaba apasionado, y no tenía tiempo para un estúpido dinero de Internet.

Me avergüenza decir que no fue hasta el verano de 2016 que finalmente vi mi primer vídeo de Andreas Antonopoulos, que finalmente me forzó a sentarme y prestar atención. Empecé a preguntarme cosas. ¿De dónde viene Bitcoin? ¿Quién lo controla? ¿Cómo funciona? ¿Qué es minar? ¿Qué impacto tendrá en el mundo? Empecé a leer todo aquello que caía en mis manos, escuchando horas de podcasts y vídeos cada día durante un año y medio seguido.

Finalmente, a principios de 2018, justo después de que Bitcoin alcanzase otro máximo histórico en los $20.000 cada uno, decidí dejar Reverb para tratar de ayudar a traer Bitcoin al mundo de la manera en la que yo pudiese ayudar. ¿Por qué decidí dejar mi muy exitosa startup para trabajar en Bitcoin? Creo que la invención de Bitcoin es el tipo de cosa que aparece una vez en la vida; quizás una vez cada muchas vidas.

Si Bitcoin termina teniendo éxito, probará ser tan importante como la imprenta (producción descentralizada de información), Internet (comunicación y contenidos descentralizados) y el poder de la democracia dividido en 3 poderes (Gobierno descentralizado). Espero que tras entender cómo funciona Bitcoin, entiendas cómo se puede convertir en una fuerza para mejorar el mundo. Bitcoin descentralizará la producción y consumo de dinero, que es la clave para desbloquear nuevas formas en que la humanidad pueda colaborar a una escala que era antes inimaginable.

El precio de Bitcoin es la mayor parte de lo que escuchas en los medios. Un día parece alcanzar el millón de dólares y en el siguiente parece llegar en una espiral de muerte hasta cero. Es eso o el hecho de que Bitcoin usará toda la energía del mundo y destruirá el planeta en los próximos 10 años. Por supuesto esto es falso y con suerte lo comprenderás en cuanto aprendas cómo funciona. También comprenderás por qué las burbujas del precio son uno de los aspectos menos interesantes de Bitcoin.

Mi objetivo con este libro no es analizar los aspectos económicos de Bitcoin y del dinero sólido, aunque haré referencia a estos conceptos brevemente. No voy a mirar a Bitcoin desde el punto de vista de la inversión ni tratar de convencer a todo el mundo de que debería poseer un poco. Recomiendo encarecidamente *El patrón Bitcoin* de

Saifedean Ammous como lo que deberías leer inmediatamente después de este libro, si es que no lo has hecho todavía.

Tampoco vamos a profundizar en código para programar y no se requiere ningún tipo de experiencia en programación para entender este libro. Si quieres ver Bitcoin desde esa óptica, te recomiendo *Mastering Bitcoin* de Andreas Antonopoulos, y el recientemente publicado *Programming Bitcoin* de Jimmy Song.

Para mí, entender todas las cosas que vienen juntas para hacer a Bitcoin funcionar fue un momento crucial. En este libro, espero compartir ese conocimiento contigo en un formato corto y simple. Mi objetivo hoy es estimular tu pensamiento y darte un sorbito de las diferentes áreas --como computación, economía y teoría de juegos-- que hacen a Bitcoin una de las más interesantes y profundas invenciones de nuestro tiempo. Espero que tras comprender los entresijos de Bitcoin descubras, como a mí me ocurrió, que Bitcoin es mucho más profundo de lo que pueda parecer a primera vista y que podría tener un impacto increíble en el mundo durante las próximas generaciones.

Lo haremos paso a paso. Con el nivel de matemáticas de un niño de educación secundaria, nos moveremos por *Inventemos Bitcoin*, pasito a pasito. Espero que este libro te dé una introducción suficiente como para que quieras saber mucho más. ¡Empecemos!

1

¿QUÉ ES BITCOIN?

Bitcoin es efectivo digital de persona a persona (o entre pares, del inglés *peer-to-peer*), una nueva forma de dinero digital que puede ser transferido entre personas u ordenadores sin necesidad de un tercero de confianza, ningún intermediario (como por ejemplo un banco) y cuya emisión no está bajo el control de persona o entidad alguna.

Piensa en el dólar de papel o en la moneda física de metal. Cuando le das este dinero a otra persona, no necesita saber quién eres. Solo necesita confiar en que el efectivo que reciba no sea una falsificación. Típicamente la gente hace esta comprobación del dinero físico usando sus ojos y dedos o usando equipamientos especiales para pruebas en caso de grandes cantidades.

Mientras nos movemos a una sociedad digital, la mayoría de nuestros pagos se hacen ahora por Internet a través de un intermediario: una compañía de tarjetas de crédito como Visa, un proveedor de pagos digitales como PayPal o Apple Pay o una plataforma online como WeChat en China.

El movimiento hacia los pagos digitales nos trae consigo la necesidad de confiar en que un actor central aprobará y verificará cada pago. Esto es porque la naturaleza del dinero ha cambiado desde algo físico, algo que puedes llevar contigo, transferir y verificar tu mismo, a bits digitales que deben ser almacenados y verificados por un tercero que controla esta transferencia.

Mientras empezamos a renunciar poco a poco al efectivo en favor de los pagos digitales, también creamos un sistema en el que damos poderes extraordinarios a aquellos que desean oprimirnos. Las plataformas de pagos digitales se han vuelto la base de autoritarios sistemas distópicos de control como los usados por el Gobierno chino para monitorizar disidentes y evitar que ciudadanos que no les gusten puedan comprar productos y servicios.

Bitcoin ofrece una alternativa al dinero digital controlado de manera central a través de un sistema que nos devuelve la naturaleza del efectivo de persona a persona, pero con un formato digital:

1. Un activo digital (típicamente *bitcoin* en minúsculas) cuya oferta está limitada, se conoce anticipadamente y es inmutable. Esto está en claro contraste con los billetes de papel y versiones digitales emitidas por Gobiernos y Bancos Centrales, cuya oferta se expande a un ritmo impredecible.

2. Un conjunto de computadoras interconectadas (*la red Bitcoin*) a la que cualquiera se puede unir ejecutando un software. Esta red sirve para emitir bitcoins, trazar su propiedad y transferirlos entre participantes sin confiar en ningún intermediario como bancos, compañías de pagos y entidades gubernamentales.

3. El software de cliente Bitcoin, un software que cualquiera puede ejecutar en su computadora para participar en la red. Este software es de código abierto, lo cual significa que cualquiera puede ver cómo funciona así como contribuir desarrollando nuevas funcionalidades o arreglando errores en el mismo.

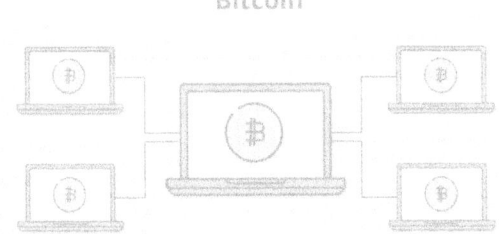

Bitcoin es una red de computadoras ejecutando el software de cliente Bitcoin.

A continuación nos introduciremos en las motivaciones tras Bitcoin.

¿De dónde surgió Bitcoin?

Bitcoin fue inventado por una persona o grupo de personas conocidos bajo el pseudónimo de Satoshi Nakamoto, alrededor de 2008. Nadie sabe la identidad de esta persona o grupo y, por lo que sabemos, ha desaparecido y no hemos sabido nada de él (o ellos) durante años.

El 11 de febrero de 2009, Satoshi escribió sobre el primer prototipo de Bitcoin en un fórum online para *cypherpunks*, gente que trabaja en tecnología criptográfica y que están preocupados por la privacidad individual y la libertad. Aunque este no es el primer anuncio oficial de Bitcoin, contiene un buen resumen de las motivaciones de Satoshi, así que lo usaremos como punto de partida para nuestra discusión.

Las partes relevantes están extraídas abajo. En la siguiente sección, comentaremos cada una de estas afirmaciones para comprender qué problemas del actual sistema financiero Satoshi pretendía resolver.

He desarrollado un nuevo sistema de efectivo electrónico entre personas llamado Bitcoin. Está completamente descentralizado, sin servidor central ni necesidad de terceros de confianza, porque todo esta basado en pruebas criptográficas en vez de en la confianza. [...]

La raíz del problema con las divisas convencionales es toda la confianza que se requiere para hacerla funcionar. El Banco Central debe ser confiado para no devaluar el dinero, pero la historia del dinero fiduciario está llena de quiebras de esa confianza. Los Bancos deben ser confiados para mantener nuestro dinero y transferirlo electrónicamente, pero entonces lo prestan en oleadas de burbujas crediticias manteniendo apenas una fracción en reserva. Tenemos que confiar en ellos con nuestra privacidad, confiar en que no permitirán a ladrones de identidad vaciar nuestras cuentas. Además, sus masivos costes fijos hacen de los micropagos algo imposible.

Hace una generación, los sistemas computacionales en los que una multitud de usuarios compartían recursos al mismo tiempo, tenían un problema similar. Antes del cifrado fuerte, los usuarios tenían que confiar en la protección de una contraseña para asegurar sus ficheros. [...]

Luego el cifrado fuerte estuvo disponible para las masas y la confianza ya no se hizo necesaria. Los datos podían así ser asegurados de tal manera que fuese imposible para otros acceder a ellos fuese cual fuese la razón, por muy buena que fuese la excusa, bajo ningún concepto.

Era hora de que tuviésemos lo mismo con el dinero. Con dinero electrónico basado en pruebas criptográficas, sin la necesidad de un tercero de confianza como intermediario, el dinero puede ser asegurado y las transacciones se pueden hacer sin esfuerzo. [...]

La solución de Bitcoin es usar una red de pares para comprobar el doble gasto. En resumidas cuentas, la red funciona como un servidor de sellado de tiempo distribuido, sellando la primera transacción para gastar un bitcoin. Se aprovecha de que la información se transmite de manera fácil y de que sea difícil de parar. Para más detalles sobre cómo funciona, visita el white paper en http://www.bitcoin.org/bitcoin.pdf

— Satoshi Nakamoto

¿Qué problemas resuelve?

Analicemos el post de Satoshi. A lo largo del libro, veremos cómo estos conceptos se implementan en la realidad. No te preocupes si hay partes que te resulten poco familiares en esta sección, pues las cubriremos en profundidad posteriormente. La idea aquí es comprender los objetivos de Satoshi para que podamos ponérnoslos nosotros como propios mientras hacemos el ejercicio de *Inventar Bitcoin*.

He desarrollado un nuevo sistema electrónico de efectivo persona a persona de código abierto

P2P significa *peer to peer* ("persona a persona" o "entre pares") e indica un sistema donde una persona puede interactuar con otra sin que haya nadie en medio, como pares iguales. Puede que recuerdes *tecnologías P2P* como Napster, Kazaa y BitTorrent, que por primera vez permitieron a la gente compartir música y películas los unos con los otros sin intermediarios. Satoshi diseñó Bitcoin para permitir intercambiar efectivo electrónico, sin necesitar a un intermediario de la misma manera.

El software es de código abierto, lo cual significa que cualquiera puede ver cómo funciona y contribuir al mismo. Esto es importante pues elimina el requisito de confiar en Satoshi. No necesitamos creer en nada de lo que Satoshi escribió en su post sobre cómo funciona el software. Podemos mirar el código y verificar cómo funciona nosotros mismos. Incluso podemos evolucionar las funcionalidades del sistema a base de cambiar el código por nuestra cuenta.

Está completamente descentralizada, sin servidor central o terceros en los que sea necesario confiar...

Satoshi menciona que el sistema es descentralizado para distinguirlo de aquellos que cuentan con un control central. Intentos anteriores para crear efectivo digital como *DigiCash* de David Chaum en 1989 fueron respaldados por un servidor central, una computadora o grupo de computadoras que eran responsables de la emisión y verificación de las transacciones, bajo el control de una corporación.

Estos proyectos de dinero privado centralmente controlado terminaron fracasando; la gente no puede confiar en un dinero que puede desaparecer cuando la compañía detrás quiebre, sea hackeada, sufra un problema en sus servidores, o sea cerrada por el Gobierno.

Bitcoin, por otra parte, no es ejecutado ni controlado por una sola compañía, sino por una red de individuos y compañías alrededor del mundo. Para clausurar Bitcoin se requeriría apagar de decenas a cientos de miles de computadoras alrededor de todo el mundo, muchas en ubicaciones desconocidas. Sería un ejercicio inútil y desesperado un ataque de esta naturaleza, pues lo único que conseguiría sería simplemente animar a crear nuevos nodos de Bitcoin o computadoras en la red.

...todo está basado en pruebas criptográficas en vez de en la confianza

Internet y, en realidad la mayor parte de los modernos sistemas de información, están construidos sobre criptografía, un método para ocultar información para que solo el destinatario de la información pueda descodificarla. ¿Cómo puede Bitcoin librarse de este requisito de confianza? Profundizaremos en esto más adelante en el libro, pero la idea básica es que en vez de confiar en alguien que dice "Yo soy Alicia" o "Tengo $10 en mi cuenta", podemos usar las matemáticas criptográficas para afirmar los mismos hechos de tal forma que sea muy fácil verificarlo por el destinatario y que la prueba sea imposible de falsificar. Bitcoin usa las matemáticas de la criptografía en su diseño para permitir a los participantes comprobar el comportamiento de cualquiera sin necesidad de una autoridad central.

Tenemos que confiar [en los bancos] con nuestra privacidad, confiar que ladrones de identidades no vacíen nuestras cuentas.

Al contrario que usando tu cuenta bancaria, un sistema de pagos o tarjeta de crédito, Bitcoin permite a dos partes transacciones sin dar ningún tipo de identificación. Los repositorios centralizados de datos de consumidores almacenados en los bancos, las compañías de tarjetas de crédito, procesadores de pagos y gobiernos, son dianas gigantes para los hackers. Como si fuese para probar la razón que tenía Satoshi, Equifax sufrió un ataque cibernético masivo en 2017, filtrándose la identidad y datos financieros de más de 140 millones de personas a hackers.

Bitcoin separa las transacciones financieras de las identidades en el mundo real. Después de todo, cuando damos efectivo digital a alguien, no necesitan saber quiénes somos ni necesitamos preocuparnos de que tras nuestro intercambio puedan usar alguna información que les hayamos dado para robar nuestro dinero. ¿Por qué no deberíamos esperar lo mismo, o algo mejor, del dinero digital?

Debemos confiar en el banco central para que no devalúe nuestro dinero, pero la historia del dinero fiat está llena de quiebras de esta confianza.

Fiat, que en latín significa "hágase", se refiere al dinero emitido por gobiernos y bancos centrales y que, sin valor intrínseco, se decreta como dinero de curso legal por el Gobierno. Históricamente, el dinero se creó de cosas que eran difíciles de producir, fáciles de comprobar y fáciles de transportar como conchas, abalorios de cristal, plata y oro. En cualquier momento en el que algo era usado como dinero, existía la tentación de crear más del mismo. Si alguien era capaz de crear una tecnología superior que permitiese crear más de algo, ese algo perdería valor. Así es como los europeos fueron capaces de quitarle la riqueza a los países africanos, comerciando con los abalorios de cristal que eran fáciles de fabricar para ellos, por esclavos humanos. Por este motivo el oro ha sido considerado un dinero bueno durante tanto tiempo - es muy difícil producir más del mismo rápidamente. [1]

Lentamente nos movimos desde una economía mundial en la que usábamos oro como dinero a otra en la que certificados de papel eran emitidos como reclamo sobre ese oro, todo por las debilidades de este último como dinero (dificultades para dividirlo, reconocerlo, custodiarlo y transportarlo especialmente). Finalmente, el papel se separó por completo de cualquier respaldo de oro con Nixon, que finalizó la convertibilidad del dólar estadounidense a oro en 1971.

El final del patrón oro permitió a los Gobiernos y Bancos Centrales permiso completo para incrementar la masa monetaria a voluntad, diluyendo el valor de cada billete en circulación, fenómeno conocido como *devaluación (o envilecimiento)* del dinero. Aunque son emitidos por el Gobierno y no son redimibles por nada, el dinero fiat, el que conocemos y usamos todos hoy en día, es en realidad un experimento relativamente nuevo en la historia del mundo.

Debemos confiar en que nuestros Gobiernos no abusen de su poder para imprimir, pero no necesitamos mirar lejos para encontrar ejemplos de quiebra de esta confianza. En regímenes planificados centralmente y autocráticos donde el gobierno tiene el dedo directamente en la máquina de imprimir como Venezuela, el dinero ha perdido prácticamente todo su valor. El bolívar venezolano fue desde los 2 bolívares por dólar USA en 2009 a los 250.000 por dólar USA en 2019. Mientras escribo este libro, Venezuela está a las puertas del colapso debido a la terrible gestión de su economía por parte de su Gobierno.

Satoshi quería ofrecer una alternativa al dinero fiat cuya oferta siempre se expande de manera impredecible. Para evitar esta *devaluación*, Satoshi diseñó un sistema de dinero donde la oferta fuese fija y emitida a un ritmo predecible e inmutable. Solo habrá 21 millones de bitcoins, aunque cada bitcoin puede ser dividido en 100 millones de satoshis, produciendo un final total de 2.100 billones de satoshis en circulación alrededor del año 2140.

Antes de Bitcoin, no era posible evitar que un activo digital pudiese ser infinitamente replicado. Es barato y fácil copiar un libro digital, fichero de audio o video y enviárselo a un amigo. Las únicas excepciones a esto son activos digitales controlados por un intermediario. Por ejemplo, cuando alquilas una película de iTunes, puedes verla en tu dispositivo solo porque iTunes controla la entrega de la película y puede pararla en el período de alquiler. De manera similar, tu dinero digital está controlado por tu banco. Es el trabajo del banco mantener un registro de cuánto dinero tienes y si lo transfieres a alguien, pueden autorizar o denegar esa transferencia.

Bitcoin es el primer activo digital que posibilita la escasez sin ningún intermediario y es el primer activo conocido por la humanidad cuya oferta inmutable y cuyo programa de emisión es completamente conocido por adelantado. Ni siquiera metales preciosos como el oro tienen esta propiedad, dado que siempre podemos minar más y más oro si es rentable hacerlo. Imagina descubrir un asteroide conteniendo 10 veces tanto oro como el existente en la Tierra. ¿Qué le ocurriría al precio del oro dada semejante oferta? Bitcoin es inmune a estos descubrimientos y a manipulaciones de la oferta. Es sencillamente imposible producir más y explicaremos por qué en capítulos posteriores.

La naturaleza del dinero y el funcionamiento del sistema monetario son temas complicados y este libro no los cubrirá en profundidad. Si quieres saber mejor cómo aplican los fundamentos del dinero a Bitcoin, te recomiendo *El Patrón Bitcoin* de Saifedean Ammous como punto de partida.

Los datos pueden ser asegurados en una manera que impida el acceso a otros, por la razón que sea, por muy buena que sea la excusa, por cualquier motivo. Es momento de que tengamos algo similar para el dinero. [...]

Nuestros sistemas actuales para asegurar el dinero, como ponerlo en el banco, se basan en confiar en que algún otro haga el trabajo. Confiar en tales intermediarios no solo requiere confianza en que no harán algo malo o estúpido, sino también en que el gobierno no confiscará o congelará tus fondos ejerciendo presión sobre este intermediario. Sin embargo, se ha demostrado una y otra vez que los gobiernos pueden y cierran el acceso al dinero cuando se sienten amenazados.

Puede parecer absurdo para alguien viviendo en los Estados Unidos u otra economía altamente regulada contemplar el despertarte sin tu dinero de repente, pero ocurre constantemente. He tenido mis fondos congelados por PayPal simplemente porque no había usado mi cuenta en meses. Me llevó una semana recuperar el acceso a "mi" dinero. Tengo suerte de vivir en los Estados Unidos, donde al menos podría esperar conseguir un alivio legal si PayPal congela mis fondos, y donde tengo una confianza básica de que el banco no robará mi dinero.

Mucho peores cosas están pasando y pasan en la actualidad en países con menos libertad como los bancos cerrando durante los colapsos financieros en Grecia, bancos en Chipre proponiendo rescates a base de confiscar los fondos de sus clientes, o el gobierno declarando algunos billetes inválidos en India.

La antigua URSS, donde yo crecí, tenía una economía planificada que llevaba a una masiva escasez de alimentos. Era ilegal poseer dinero extranjero como el dólar estadounidense. Cuando nos quisimos ir, solo podíamos cambiar una limitada cantidad de dinero por persona a dólares estadounidenses bajo un tipo de cambio oficial gubernamental obligatorio que estaba enormemente distanciado del tipo de cambio de mercado. Efectivamente, el Gobierno nos quitó la poca riqueza que teníamos a base de mantener un control férreo sobre la economía y el movimiento de capitales.

Los países autocráticos tienden a implementar estrictos controles económicos, evitando que la gente retire su dinero de los bancos, llevándoselo fuera de sus países o intercambiándolo por un dinero no tan malo en el mercado libre, como el dólar estadounidense. Esto permite al Gobierno libertad total para implementar estrambóticos experimentos como el sistema socialista de la URSS.

El funcionamiento de Bitcoin no depende de la confianza en un tercero para asegurar tu dinero. En vez de eso, Bitcoin hace imposible el acceso a tus monedas para otros sin una clave especial que solo tú posees, da igual la razón por la que quieras acceder, o cómo pueda ser de buena tu excusa, esto es del todo irrelevante. Teniendo Bitcoin, tienes las claves para tu propia libertad financiera. Bitcoin separa el dinero del Estado.

La solución de Bitcoin es usar una red distribuida de persona a persona para comprobar el doble gasto [...] como un servidor de sellado de tiempo, sellando la primera transacción para gastar una moneda.

Una red se refiere a la idea de que un conjunto de ordenadores están conectados y pueden enviarse mensajes entre sí. La palabra *distribuida* significa que no hay una entidad central que tenga el control, sino que los participantes se coordinan para hacer que la red funcione con éxito.

En un sistema sin control central, es importante saber que nadie esté haciendo trampas. La idea del *doble gasto* se refiere a la capacidad de gastar el mismo dinero dos veces. Esto no es un problema con el dinero físico porque deja tu mano cuando te lo gastas. Sin embargo, las transacciones digitales pueden ser copiadas tal y como ocurre con ficheros de música o las películas. Cuando envías dinero a través de un banco, este se asegura de poner en marcha todos los controles necesarios para que ese dinero no se pueda mover dos veces. En un sistema sin control central, necesitamos una manera de prevenir este doble gasto, que es en la práctica lo mismo que falsificar dinero.

Satoshi está describiendo que los participantes en la red de Bitcoin trabajan juntos para sellar en el tiempo (poner en orden) transacciones para que sepamos cuál llegó primero y por lo tanto podamos rechazar cualquier intento futuro de gastar el mismo dinero. Durante los próximos capítulos vamos a construir este sistema desde cero. Nos permitirá detectar falsificaciones sin confiar en ningún emisor central o validador de transacciones.

Bitcoin no fue una invención que surgiese de la nada. En su white paper, Satoshi cita diversos intentos por implementar sistemas similares incluyendo b-money de Wei Dai y Hashcash de Adam Back. La invención de Bitcoin se sostiene sobre hombros de gigantes, pero ninguno antes había conseguido poner juntas las piezas correctas, creando el primer sistema para emitir y transferir un dinero digital verdaderamente escaso sin control central.

Satoshi hizo frente a una serie de interesantes problemas técnicos para resolver los problemas de privacidad, devaluación y control central de los sistemas monetarios actuales como:

1. Crear una red de persona a persona que permita a cualquiera unirse y participar voluntariamente.

2. Permitir que un grupo de personas que no tienen que revelar sus identidades o confiar las unas en las otras puedan mantener un registro de valor compartido incluso si algunos de estos participantes no se comportan honestamente.

3. Permitir a personas emitir su propio dinero infalsificable sin confiar en un emisor central mientras que se mantiene la escasez de ese dinero, de tal forma que la producción de nuevas unidades no sea completamente gratis.

Cuando Bitcoin fue publicado, solo un grupo de personas lo usó y ejecutó el software de Bitcoin en sus nodos para hacer funcionar la red. La mayor parte de la gente pensaba en ese momento que no era nada serio o que el sistema revelaría serios fallos de diseño que lo harían del todo disfuncional.

Con el tiempo, más gente se fue uniendo a la red, usando sus computadoras para añadirle esta seguridad y reforzar la idea de que tenía valor a base de intercambiar otro dinero por él, así como aceptándolo por bienes y servicios. Hoy, diez años más tarde, es usado por millones de personas con decenas a cientos de miles de nodos ejecutando el software de Bitcoin, desarrollado por cientos de voluntarios y compañías de todo el mundo.

¡Vamos a ver cómo podemos construir este sistema!

---

1. Para una gran visión de la historia monetaria, te recomiendo el ensayo *Shelling Out* en inglés, por Nick Szabo: https://nakamotoinstitute.org/shelling-out/

2

ELIMINANDO EL INTERMEDIARIO

En el capítulo anterior, hemos discutido que Bitcoin provee un sistema persona a persona para la transferencia de valor. Antes de que profundicemos en cómo funciona esto, vamos primero a comprender cómo funciona un banco tradicional o compañía de pagos para gestionar el seguimiento de la propiedad del dinero y las transferencias.

Los bancos no son más que libros de registros

¿Cómo funciona un pago hecho por tu banco, PayPal o ApplePay? Muy simple, estos intermediarios actúan como registros de cuentas y transferencias.

El propósito de un banco es almacenar tus depósitos y guardarlos. Pero los depósitos hoy en día son fundamentalmente electrónicos, más que en monedas o papel. Por tal motivo, el trabajo de un banco es mantener y guardar la base de datos de las cuentas. Dado que los datos son electrónicos, la seguridad es sobre todo electrónica. Los bancos emplean software de detección de intrusiones, backups para protegerse ante pérdida de datos, auditorías de terceros para asegurarse de que los procesos internos no estén comprometidos, y seguros para rescatarles en caso de que haya problemas.

Es así como funcionan. En este próximo ejemplo, diremos *banco* pero en realidad lo que queremos decir es cualquier entidad que procese pagos. Empezaremos con un libro de registro de cuentas que muestre que Alicia y Bob han depositado dinero en el banco.

<u>Libro de registro del banco</u>

1. Alicia: Abono +$2
2. Bob: Abono +$10

Cuando Alicia quiere enviar $2 a Bob, ella llama a su banco o usa un monedero web o móvil creado por su banco, se autentica usando su nombre de usuario y contraseña o código PIN y luego crea la petición de transferencia. El banco graba en su registro lo siguiente:

<u>Libro de registro del banco</u>

1. Alicia: Abono +$2
2. Bob: Abono +$10
3. Alicia: Adeudo -$2
4. Bob: Abono +$2

Así el banco ha registrado los nuevos adeudos y abonos y por lo tanto el dinero se ha movido.

El problema del doble gasto

¿Qué ocurre si Alicia trata de mover esos $2 otra vez? Esto es lo que se llama el problema del doble gasto. Ella hace una petición al banco pero este dice "Lo siento, vemos que ya te has gastado $2 en enviárselos a Bob. No tienes más dinero para gastar."

Cuando tienes una autoridad central como un banco, es muy fácil para este decirte que estás intentando utilizar el dinero que ya te has gastado. Eso es porque son los únicos que tienen capacidad de modificar el libro de registro y tienen procesos internos incluyendo sistemas de backup y auditorías hechas por computadoras y humanos para asegurarse de que este libro de registro es correcto y de que no se ha manipulado.

Llamamos a esto un sistema *centralizado* porque tiene un punto único de control.

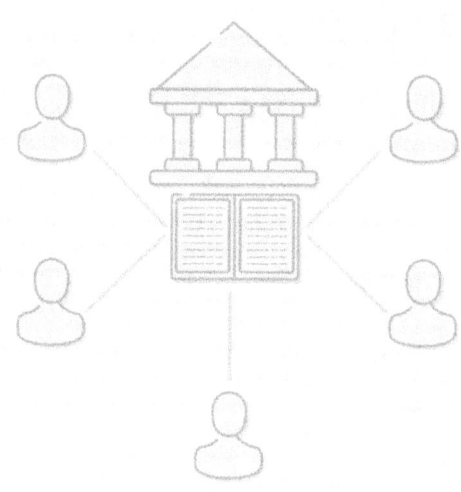

El banco guarda un libro de registro al que cualquiera puede acceder, pero solo a través del propio banco.

Distribuyendo el libro de registro

El primer problema que Bitcoin intenta resolver es eliminar la necesidad de confiar en un intermediario creando un sistema de persona a persona (o entre pares). Imaginemos que nos hemos librado de los bancos y que tenemos que volver a crear nuestro sistema financiero. ¿Cómo podemos mantener un libro de registro sin una entidad central?

Si no tenemos un único libro de registro, entonces debe ocurrir que el libro debe pertenecer a la gente. ¡Viva la revolución! Lo haremos así:

En primer lugar, un grupo de nosotros se juntará para crear una *red*. Esto significa que tendremos una manera de hablar los unos con los otros. Digamos que intercambiaremos números de teléfono o cuentas de Snapchat. Cuando Alicia quiera enviar dinero a Bob, en vez de llamar al banco, le dice a sus amigos, "Voy a enviar $2 a Bob." Todo el mundo acusa recibo, contestando "guay, entendido" y lo escribe en su propia copia del libro de registro. La imagen tiene ahora el siguiente aspecto:

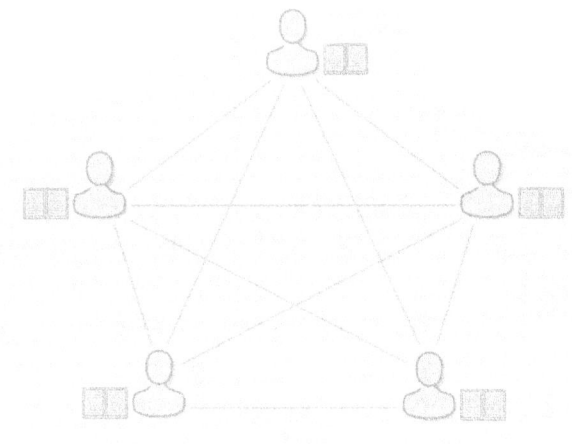

Todo el mundo tiene ahora una copia a la que puede acceder de manera independiente.

Así que ahora, en vez de un solo banco, tenemos una copia del libro de registro en las manos de todo el mundo. Cada vez que alguien quiera gastar dinero, ellos simplemente tendrán que decírselo a todos sus amigos. Todo el mundo registra todas las transacciones. Dado que el libro de registro no está en un solo lugar, lo llamamos *distribuido* y como no hay una sola entidad a cargo de este libro, decimos que está *descentralizado*. Esto resuelve el problema del intermediario.

Ahora que nos hemos librado del intermediario, ¿cómo gestionamos el doble gasto? ¿A quién consultamos en vez de al banco para verificar si el dinero que se quiere gastar no se ha gastado ya? Dado que todo el mundo tiene una copia del libro de registro, debe ocurrir que tendremos que consultarlo con todos los participantes de la red. Este sistema se dice que está *basado en el consenso* porque depende del acuerdo de todos en una particular versión de la verdad.

Si Alicia intenta gastar de nuevo los $2 que ya envió a Bob, su transacción sería rechazada por todos en la red, dado que consultarían con sus libros de registro y le dirían que de acuerdo a estos, ella ya se ha gastado el dinero. Por lo tanto, no se registraría su segundo intento de gastar dinero que ya se haya gastado. Ahora tenemos una red de consenso de persona a persona para registrar la propiedad y transferencia de fondos.

Mientras nuestro libro distribuido requiera permiso para unirse y podamos confiar en la honestidad de todos los participantes, el sistema funcionará. Pero este diseño no puede escalar para ser usado por millones de participantes. No puedes confiar en los sistemas distribuidos constituidos por participantes arbitrarios. Alguna gente se queda sin conexión a Internet ocasionalmente. En estos casos no recibirán algunas transacciones cuando las transmitamos. Otros intentarán activamente defraudarnos a base de decirnos que algunas transacciones ocurrieron o que otras no. Nueva gente podría unirse a la red y obtener copias conflictivas del libro de registro.

Veamos cómo podría alguien intentar hacer trampas.

El ataque del doble gasto

Si yo soy Alicia, podría ponerme de acuerdo con otros participantes y decirles: "cuando me gaste el dinero, no lo escribáis en vuestros libros de registro. Haced como si nunca hubiese ocurrido." Alicia podría hacer así el ataque del doble gasto:

Empezando con un saldo de $2, Alicia haría lo siguiente:

1. Envía $2 a Bob, para comprar una chocolatina. Ahora deberían quedarle $0.

2. David, Eve, y Farrah se ponen de acuerdo con Alicia para no escribir la transacción de Alicia a Bob en sus libros de registro. En sus copias, Alicia nunca se gastó el dinero y todavía tiene un saldo de $2.

3. Charlotte mantiene su libro de registro de manera honesta. Ella anota la transacción de Alicia a Bob. En su libro de registro, Alicia tiene $0.

4. Enrique está de vacaciones durante una semana y no ha oído hablar de ninguna de estas transacciones. Se une a la red y pide una copia del libro de registro.

5. Enrique obtiene 4 copias falsas (David, Eve, Farrah, Alicia) y una copia honesta (Charlotte). ¿Cómo determina qué copia es la correcta? Sin un sistema mejor, se fía de la mayoría de participantes y es engañado para aceptar el libro falso como si fuese el correcto.

6. Alicia compra una chocolatina a Enrique usando los $2 que en realidad no debería tener. Enrique los acepta porque por lo que el sabe, Alicia todavía tiene esos $2 según el libro de registro que obtuvo de todos los demás participantes.

7. Alicia tiene ahora 2 chocolatinas y en total se han creado $4 de dinero falso en el sistema. Ella paga a sus amigos con chocolatinas y repite el ataque 100 veces con cada persona que se una a la red.

8. Alicia tiene ahora todas las chocolatinas en su poder y todos los demás mantienen sus bolsillos llenos de dinero falso.

9. Cuando intentan gastarse el dinero que Alicia les envió supuestamente, David, Eve y Farrah, quienes controlan la mayor parte de la red, rechazan estos gastos porque saben que este dinero es falso.

Esto es lo que se denomina un *fallo de consenso*. La gente en la red no llegó a un consenso sobre cuál es el estado real del libro de registro.

Sin tener un sistema mejor, optaron por escoger lo que determina la mayoría, lo cual permitió a gente deshonesta controlar la red y gastar dinero que no podían tener.

Si queremos hacer un sistema sin necesidad de permiso (en inglés *permissionless*) donde cualquiera pueda participar sin preguntar, debe ser también resistente a participantes deshonestos.

Resolviendo el problema del consenso distribuido

Ahora vamos a resolver uno de los problemas más importantes de las ciencias de la computación: consenso distribuido entre partes que en algunos casos pueden ser deshonestas o no confiables. Este problema se conoce como el Problema de los Generales Bizantinos. Y es la clave que Satoshi Nakamoto usó para culminar la invención de Bitcoin. Necesitamos que un grupo de personas se pongan de acuerdo en las entradas de un libro de registro sin saber qué participantes en la red han estado escribiendo las transacciones correcta y honestamente.

Una solución inocente sería simplemente nombrar a mantenedores de los libros honestos. En vez de que todos puedan escribir en el registro, escogeríamos a un grupo de amigos como Charlotte, Gary, Frank y Zoe para hacerlo, porque no cuentan mentiras y todos saben que no se van de fiesta los fines de semana.

Así que cada vez que tengamos que procesar una transacción, en vez de contárselo a todos nuestros amigos, podríamos llamar a Charlotte y compañía. Ellos estarían encantados de mantener los libros por una pequeña comisión. Después de que escriben el libro, pueden llamar a todos los demás participantes y contarles las nuevas entradas que todos mantendrán en cualquier caso como backup.

Este sistema funcionaría fenomenal, salvo porque un día, el Gobierno podría aparecer y querrían saber quiénes están detrás de este sistema financiero en la sombra. Podrían arrestar a Charlotte y compañía y llevárselos poniendo fin a nuestro libro de registro distribuido. Tendríamos todos backups en los que no podríamos confiar y no sabríamos qué backup podríamos usar para volver a empezar un nuevo sistema.

En vez de terminarlo por completo, el Gobierno puede también amenazar a los mantenedores del libro con penas de cárcel si aceptasen determinadas transacciones de Alicia (de quien se sospecha que podría estar involucrada en la venta de drogas). El sistema estaría ahora de facto controlado por un ente central (Gobierno) y no podríamos decir que no hace falta permiso para participar en él (en inglés, no podríamos decir que es *permissionless*)

Y ¿qué pasa si lo intentamos con un sistema democrático? Podríamos encontrar un grupo de 50 personas honestas, celebrar elecciones cada día para rotar quiénes tendrían derecho a escribir entradas en el libro de registros. Todos los participantes tendrían un voto.

Este sistema funciona estupendamente hasta que la gente empieza a usar la violencia o la coacción financiera para alcanzar los mismos objetivos que en los casos anteriores:

1. coaccionar al electorado para votar a los mantenedores del libro de registros que prefiriesen.
2. coaccionar a los mantenedores escogidos para escribir entradas falsas en el libro de registros o prevenir que ciertas transacciones fuesen procesadas.

Tendríamos un problema. Cada vez que nombremos a determinada gente para mantener el libro, deberíamos confiar en que fuesen honestos y no tendríamos manera alguna de defendernos de que fuesen coaccionados por alguien para llevar a cabo hechos indeseables o para corromper nuestro libro de registros.

Identidad equivocada y ataques sybil

Hasta ahora hemos visto dos métodos fallidos para mantener la honestidad: uno usaba mantenedores específicamente escogidos y el otro usaba mantenedores que se escogen de manera democrática y en rotación. El fallo de ambos sistemas es el hecho de que nuestra confianza estuviese vinculada a una determinada identidad en el mundo real: todavía tendríamos que identificar específicamente a los individuos que se ocupasen de mantener el libro de registros. Siempre que asumamos confianza basada en la identidad, abrimos las puertas a algo llamado ataque Sybil. Esto es básicamente un nombre *molón* para lo mismo que *hacerse pasar por alguien*. Se llama así por una persona que con ese nombre, sufría un trastorno múltiple de la personalidad.

¿Has recibido alguna vez un mensaje de texto extraño de alguno de tus amigos y averiguado poco después que su teléfono había sido "secuestrado"? Cuando hablemos de miles de millones o miles de millones de dólares, la gente justificará todo tipo de actos violentos para robar ese teléfono y enviar ese falso mensaje de texto. Es imperativo que evitemos que la gente que mantenga el libro de registro pueda ser coaccionada de manera alguna. ¿Cómo podemos conseguirlo?

Construyamos una lotería

Si queremos evitar la posibilidad de que personas sean comprometidas por amenazas de violencia o soborno, necesitamos un sistema con tantos participantes que resulte impracticable coaccionarlos a todos. Incluso mejor, es preferible ni siquiera conocer sus identidades en absoluto. Debe ocurrir que cualquiera pueda participar en nuestro sistema y que no tengamos que introducir ningún sistema de voto, que es susceptible de ser corrompido por la violencia o la compra de votos.

¿Y si celebrásemos una lotería donde pudiésemos seleccionar a alguien aleatoriamente cada vez que quisiésemos escribir una entrada en el libro de registro? Veamos cómo quedaría el borrador de nuestro diseño:

1. Cualquiera en el mundo puede participar. Decenas de miles de personas pueden unirse a la lotería de mantenedores del libro de registros.

2. Cuando queremos enviar dinero, anunciamos a toda la red las transacciones que queremos llevar a cabo, tal y como hemos hecho hasta ahora.

3. En vez de hacer que todo el mundo escriba las transacciones, utilizamos la lotería para ver quién ganará el derecho de escribir esta transacción en el libro de registros.

4. Cuando seleccionamos un ganador, esta persona escribe todas las transacciones en el libro, que acabe de escuchar.

5. Si la persona escribe transacciones válidas en el libro de registros cumpliendo las reglas definidas por todos los demás participantes, se les paga una comisión.

6. Todo el mundo mantiene una copia del registro, añadiendo información producida por el último ganador de la lotería.

7. Esperamos un poco para que la mayor cantidad de gente actualice su libro de registros con la última entrada, y ejecutamos la lotería nuevamente, inmediatamente después.

Este sistema supone una mejora respecto al sistema anterior. Es impracticable comprometer a los participantes de este sistema porque es imposible saber quiénes son estos participantes y quién será el ganador de esta lotería.

Sin embargo, no tenemos una respuesta clara sobre cómo llevar a cabo esta lotería sin que haya nadie al mando, o por qué deberíamos confiar en que el ganador actuará honestamente cuando escriba las entradas del libro de registros. Esto lo averiguaremos en el siguiente capítulo.

3

PRUEBA DE TRABAJO

El sistema de lotería que hemos diseñado tiene dos problemas fundamentales:

1. ¿Quién venderá los billetes de la lotería y escogerá los números ganadores, si ya hemos determinado que no puede haber ningún tipo de autoridad central al mando?

2. ¿Cómo nos aseguramos de que el ganador de la lotería escribe verdaderamente transacciones válidas en el libro de registros en vez de tratar de engañarnos a todos los demás?

Si queremos un sistema en el que no sea necesario pedir permisos y al que cualquiera se pueda unir, debemos eliminar la necesidad de confiar en nuestro sistema y convertirlo en *libre de confianza* (en inglés *trustless*). Tenemos que ingeniar un sistema que tenga las siguientes propiedades:

1. Debe ser posible para cualquiera generar su propio billete de lotería, dado que no podemos confiar en una autoridad central. Los sistemas de lotería estándar centralizados como la Lotería Nacional son gestionados por alguien que genera un

grupo de billetes con números aleatorios en ellos. Dado que no podemos confiar en una autoridad central, debemos permitir que cualquiera emita sus billetes.

2. Debemos conseguir que de alguna manera jugar a la lotería tenga un coste, para evitar que alguien monopolice la lotería a base de generar un enorme número de billetes gratis. ¿Cómo podemos conseguirlo cuando no hay nadie a quién comprar los billetes? Haremos que los compres a base de consumir energía, un recurso costoso. Que tenga un coste hará que te lo pienses dos veces antes de ponerte a generar billetes sin límite.

3. Debe ser fácil para otros participantes verificar que has ganado la lotería de manera fácil *mostrando* tu billete. En la lotería nacional, los operadores de la lotería generan la combinación ganadora. Dado que no tenemos esto en un sistema descentralizado, podemos, en vez de eso, hacer que los participantes estén de acuerdo en un rango de números por anticipado, y si tu billete de lotería cae en ese rango, ganas la lotería. Usaremos un truco criptográfico para esto llamado *función hash*.

Prueba de trabajo: un puzzle asimétrico energéticamente intensivo

La elegante solución a estos tres problemas se llama Prueba de Trabajo (en inglés *Proof of Work*). En realidad el concepto se inventó mucho antes de Bitcoin, en el año 1993. La explicación completa de cómo funciona esta Prueba de Trabajo puede ser de las cosas más complicadas de entender sobre Bitcoin, así que dedicaremos los siguientes capítulos para explicarlo con detenimiento.

Necesitamos que comprar los billetes de lotería resulte caro. En cualquier otro caso la gente podría emitir un número infinito de billetes. ¿Qué existe en la naturaleza que podemos garantizar que sea caro y que no venga de ningún tipo de autoridad central?

Aquí es donde entra en juego la física en Bitcoin: la primera ley de la termodinámica dice que la energía no puede ser creada ni destruida. En otras palabras, nada es gratis en lo que a la energía se refiere. La electricidad siempre es cara porque tienes que comprarla de los generadores de energía o mantener tu propia planta de generación. En cualquier caso, obtener electricidad es costoso.

El concepto detrás de la Prueba de Trabajo es que participas en un proceso aleatorio, similar a lanzar un dado. Pero en vez de un dado de 6 caras, este dado tiene tantas caras como átomos existen en el universo. Para lanzar este dado y generar los números de la lotería, tu computadora debe ejecutar operaciones que tienen un coste energético para ti en términos de electricidad consumida.

Para ganar esta lotería, debes producir un número que se deriva matemáticamente de las transacciones que quieras escribir en el libro de registros más el número del dado que quieras lanzar. Para encontrar este número ganador, debes lanzar este número millones, billones y hasta trillones de veces, consumiendo miles de dólares en energía durante el proceso. Dado que este proceso es totalmente aleatorio, es posible para todos generar sus propios billetes de lotería sin una autoridad central usando simplemente una computadora que genere números aleatorios y una lista de transacciones a escribir en el libro de registros.

Incluso aunque pudiese costar miles de dólares consumir toda la energía necesaria para encontrar un número aleatorio ganador, para que todos los demás participantes comprueben que eres el ganador, solo necesitan ejecutar unas comprobaciones muy básicas:

1. ¿Es el número que has conseguido inferior al rango de números objetivo que todos acordaron con anterioridad?

2. ¿Es el número auténticamente derivado de forma matemática de la serie de transacciones que quieres escribir en el libro de registros?

3. ¿Son las transacciones que presentas válidas según las reglas de Bitcoin? (no suponen doble gasto y no generan nuevos bitcoins fuera de un calendario permitido, etc.).

La Prueba de Trabajo es un proceso aleatorio para encontrar un número ganador. Sin embargo, solo lleva una única operación verificar la solución. Piensa en ello como un sudoku o un crucigrama. Puede que lleve un largo tiempo resolverlo, pero validarlo llevaría a alguien muy poco con tal de tener las respuestas y pistas consigo. Esto hace de la Prueba de Trabajo un proceso asimétrico: es muy difícil para los participantes, pero muy fácil para los validadores.

Dado que has consumido una considerable cantidad de energía y por lo tanto dinero jugando a esta lotería, quieres que todo el mundo acepte tu billete ganador. Por lo tanto tienes grandes incentivos para no hacer trampas y "portarte bien" a base de escribir solamente transacciones válidas en el libro de registros.

Si tú, por ejemplo, intentases gastarte dinero que ya hubiese sido gastado, entonces tu lotería "ganadora" sería rechazada por todos los demás y perderías el dinero que has gastado comprando la energía necesaria para conseguir el billete. Por otra parte, si escribes transacciones válidas en el libro de registros, te recompensaremos en bitcoins para que puedas pagar tus facturas de electricidad y mantener así algunos beneficios.

El sistema de Prueba de Trabajo tiene una importante propiedad de ser "verdaderamente costoso en el mundo real". Es decir, si quisieses atacar la red a base de coaccionar a varios de sus participantes, no solo tendrías que llegar a su casa y tomar posesión de sus computadoras, sino que también tendrías que pagar sus facturas de la luz.

¿Cómo prueban los participantes que han consumido esta energía? Necesitaremos una pequeña introducción a dos conceptos de las ciencias de la computación: hashing y los bits.

Hashing

La asimétrica Prueba de Trabajo de Bitcoin implica usar una función de hash ("resumen"). Desde el álgebra básico, sabemos que una función es una caja donde pones un valor de entrada x y obtienes un valor de salida f(x). Por ejemplo, la función $f(x)=2x$ toma un valor y lo multiplica por dos. Así, la entrada $x=2$ nos da la salida $f(x)=4$.

Una función hash (o "función resumen") es una función especial, donde introduces cualquier cadena de letras, números u otros datos, como "Hello world" y obtienes un número aleatorio de aspecto gigantesco:

11118117132582192426613293577574904584554890446643616001126584346633541502095

La función hash que he usado en particular para obtener el hash de "Hello world" se llama sha256 y resulta ser la que Bitcoin usa.

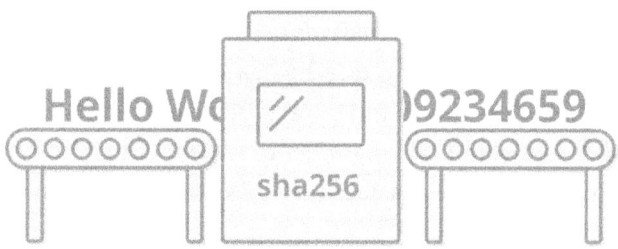

Los datos entran por un lado, y números gigantes e impredecibles salen por el otro.

La función de hash sha256 tiene las siguientes propiedades que nos son útiles:

1. La salida (*output*) es determinista: siempre obtienes la misma salida para la misma entrada (*input*).
2. La salida es impredecible: cambiando una sola letra o añadiendo un espacio a la entrada cambiará drásticamente la

salida, tanto, que no serás capaz de encontrar ningún tipo de correlación con la entrada original.

3. Es rápido computar el hash para entradas con datos de cualquier tamaño.

4. Es imposible encontrar dos cadenas diferentes cuyos hashes sean iguales.

5. Dada la salida del hash de sha256, es imposible hacer el camino de vuelta para calcular la entrada. Por eso llamamos a sha256 una *función unidireccional*.

6. La salida siempre tiene una longitud fija (256 bits para sha256).

Una rápida introducción a los bits

El sistema de numeración que conoces y utilizas a diario, que va del 0 al 9, se llama *decimal* porque tiene 10 dígitos. Las computadoras por otra parte, prefieren un sistema numérico diferente compuesto de ceros y unos, indicando la presencia o ausencia de corriente eléctrica. Este sistema numérico se llama *binario*.

En el sistema decimal, usas solo los dígitos 0 al 9. Si usas un solo dígito puedes representar 10 números diferentes, del 0 al 9. Si usases dos números, podrías representar 10 x 10 = 100 números diferentes, 00, 01, ..., 99. Para 3 dígitos, puedes usar 10 x 10 x 10 = 1000 números: 000, 001, ... hasta el 999.

Con suerte empezarás a ver un patrón. Para averiguar cuán grande podemos representar un número con N dígitos, podemos multiplicar 10 por sí mismo N veces, o en otras palabras, 10^N, o 10 a la N-ésima potencia.

El sistema binario funciona de la misma manera. La única cosa que cambia es el número de dígitos que están disponibles para nosotros. Mientras que en el decimal tenemos 10 dígitos, un dígito binario o bit solo puede tener dos valores, cero y uno.

Si 1 bit puede representar dos valores, entonces dos bits pueden representar 4 valores: 00, 01, 10, 11. Puedes calcular esto multiplicando 2 x 2 dado que cada dígito puede tener dos valores.

Tres dígitos pueden representar 2 x 2 x 2 = 23 = 8 valores, que son 000, 001, 010, 011, 100, 101, 110, 111.

Un número binario de N bits de longitud puede representar 2^N valores diferentes.

Por lo tanto, el número de valores únicos que puedes representar con 256 bits, el tamaño de la función de hash sha256, es 2^{256}. Eso es un número gigante casi inconcebible. Representado en decimal, este número tiene 78 dígitos. Para ponerlo en perspectiva, es el mismo número que el número de átomos que se estima que tiene el universo.

2^{256} = 115,792,089,237,316,195,423,570,985,008,687,907,853,
269,984,665,640,564,039,457,584,007,913,129,639,936

Este es el número de salidas posible cuando haces un hash de una cadena con la función sha256. Por lo tanto, es totalmente imposible predecir cómo será el número producido por esta función. Sería como predecir el resultado de lanzar una moneda al aire 256 veces seguidas o localizar la ubicación exacta de un átomo que yo haya escogido en algún lugar del universo.

Este número es demasiado largo para seguir escribiéndolo, así que a partir de ahora simplemente escribiré 2^{256} pero espero que desde ya esto alimente en tu cabeza un universo de infinitas posibilidades.

Calculemos el hash de varias cadenas

Aquí verás varios ejemplos de cadenas y sus hashes sha256. He mostrado su salida como número decimal, aunque dentro de la computadora estos números aparecerían como cadenas binarias de ceros y unos.

Lo importante aquí es demostrar lo drásticamente que cambia el número con un muy pequeño cambio en la cadena de entrada (añadiendo una exclamación). No puedes predecir la salida producida por la función hash basándote en lo que pongas en ella:

"Hello world!"

52740724284578854442640185928423074974
81806529570658746454048816174655413720

"Hello world!!"

95863319874939535731602344194643497 2583
74513872780665335270495834770720452323

No hay manera de que nadie, ni siquiera una computadora, pueda mirar el número aleatorio resultante y averiguar la cadena que lo produjo. Si quieres jugar con sha256, puedes hacerlo en https://passwordsgenerator.net/sha256-hash-generator.

Calcular el hash para ganar la lotería de la Prueba de Trabajo

Ahora estamos listos para hablar sobre las claves de la magia de los bits. Hemos dicho que hay 2^{256} valores posibles de salida de la función hash sha256. Para hacerlo más fácil de entender, pretendamos que hay solo un total de 1000 salidas posibles de este hash.

El sistema de lotería funciona así:

1. Alicia anuncia que quiere enviar $2 a Bob.
2. Todo el mundo jugando a esta lotería acepta esta transacción "Alicia da $2 a Bob", añadiendo un número aleatorio llamado *nonce* (que quiere decir, número usado una sola vez, del inglés *number once*) al final. Esto es para asegurarse de que la cadena de la que estén calculando el hash sea diferente de cualquier

otra, ayudándoles así a conseguir el número ganador de la lotería.

3. Si ese número obtenido es más pequeño que el *número objetivo* (nos adentraremos en lo que esto significa en el próximo capítulo) entonces ellos ganan la lotería.

4. Si en cambio el número que obtienen es mayor que el *número objetivo*, entonces ellos calcularán el hash de lo mismo, pero añadiendo *nonces* diferentes: "Alice Gives $2 to Bob nonce=12345", y después "Alice Gives $2 to Bob nonce=92435", y luego "Alice Gives $2 to Bob nonce=132849012348092134", y así sucesivamente, hasta que el número hash resultante sea más pequeño que el *número objetivo*.

Puede llevar muchos, muchos intentos encontrar el hash que sea inferior al *número objetivo*. Podemos, de hecho, controlar la frecuencia con la que alguien puede ganar la lotería a base de controlar la probabilidad de que los participantes encuentren un número ganador. Si hay 1000 hashes posibles, y ponemos como *número objetivo* el 100, entonces ¿qué porcentaje de hashes estará por debajo del objetivo?

Esto son matemáticas básicas: 100 de 1000 números posibles son un 10% de hashes que son inferiores al objetivo. Así que si quieres calcular el hash de cualquier cadena y tu función de hash produce 1000 outputs diferentes, entonces estarás esperando obtener un hash que esté por debajo de 100 alrededor de un 10% del tiempo.

Así es como funciona la lotería: acordamos un *número objetivo*, entonces tomamos las transacciones que nos han estado transmitiendo y calculamos su hash, añadiendo un *nonce* aleatorio al final. Una vez que tras hacer esto en múltiples ocasiones alguien encuentre el hash que esté por debajo del objetivo, lo anunciaremos a todos en la red:

Hola a todos:

- He tomado las transacciones: "Alicia envía $2 a Bob, Charlotte envía $5 a Alicia".
- He añadido el *nonce* "32895".
- Ha salido un hash de 42, que es menos que el objetivo de 100.
- Aquí está mi Prueba de Trabajo: los datos de la transacción, el *nonce* que he usado y el hash que fue generado con esas entradas.

Podría llevarme miles de millones de intentos conseguir un hash que me permita ganar, consumiendo así miles de dólares en energía, pero cualquier otro participante puede de inmediato validar si en realidad llevé a cabo este trabajo.

Dado que les he dado a los otros participantes tanto los datos de entrada (transacciones y *nonce*) como la salida esperada (el hash resultante), ellos pueden ejecutar el mismo hash de un intento y validar si les he dado los datos correctos.

Podemos pensar en hashing como darle vueltas a un dado gigante que produce números de cero al número de átomos en el universo basados en los datos de entrada que consisten en transacciones. solo los hashes debajo del objetivo ganan la lotería y tienes que mostrar qué datos usaste para generar el hash.

¿Cómo vinculamos esto al consumo energético? Bueno, ya hemos dicho que la serie de todos los hashes posibles es un número verdaderamente gigante y que es tan grande como el número de átomos que se estima que tiene el universo. Ahora podemos establecer el *número objetivo* para que sea suficientemente bajo para que solo una pequeña fracción de los hashes sean válidos. Esto significa que cualquiera que quiera encontrar un hash válido tendrá que consumir una enorme cantidad de energía y tiempo de computación, para encontrar un número hash inferior al establecido como objetivo.

Cuanto más pequeño sea el *número objetivo*, más intentos necesitaremos llevar a cabo para encontrar un número que funcione. Cuanto más grande el objetivo, más rápido podemos encontrar un hash ganador. Si nuestras posibilidades de conseguir el objetivo son de un millón contra uno, entonces mostrando que lo hemos conseguido, estaremos probando que hemos ejecutado alrededor de un millón de cálculos.

4

MINERÍA

El proceso de jugar a la lotería de la Prueba de Trabajo para ganar acceso al libro de registros de Bitcoin se conoce popularmente como *minería*. Así es como funciona:

1. Cualquiera en el mundo que quiera participar se une a la red de Bitcoin conectando su computadora y poniéndose a "escuchar" transacciones.
2. Alicia anuncia su intención de enviar algunas monedas a Bob. Las computadoras en la red "cotillean" las unas con las otras para difundir esta transacción a todos en la red.
3. Todas las computadoras que quieran participar en la lotería empiezan a calcular hashes de las transacciones que han escuchado a base de añadir *nonces* a la lista de transacciones y ejecutando las funciones hash sha256.
4. Aproximadamente cada 10 minutos de promedio, alguna computadora encuentra un número hash derivado de esas transacciones que es inferior al del número objetivo actual, ganando así la lotería.
5. Esta computadora anuncia el número ganador que ha

encontrado así como las entradas (transacciones y *nonce*) que
han usado para generarlo. Puede haberle llevado horas o
pocos minutos conseguirlo. Esta información de forma
conjunta (transacciones, *nonce* y el hash de la Prueba de
Trabajo) es lo que llamamos *bloque*.

6. Todo el resto de participantes valida el bloque chequeando
   que las transacciones en el bloque con el *nonce* al ser
   hasheados, den como resultado lo que se pretendía, es decir,
   que el hash sea verdaderamente inferior al objetivo propuesto
   y que el bloque no contenga ninguna transacción inválida ni
   que la historia dentro de este esté en conflicto alguno con
   bloques anteriores.

7. Todo el mundo escribe el bloque en su copia del libro de
   registros, añadiéndolo a su cadena de bloques existente,
   produciendo una cadena de bloques (en inglés, *blockchain*)

Eso es todo. Hemos generado nuestro primer bloque y nuestra
primera entrada en nuestros libros de registro.

Puede que hayas leído la frecuentemente repetida afirmación en los
medios de que la minería de Bitcoin supone resolver complejas ecuaciones. Ahora comprenderás que esto es completamente falso. Más
que resolver ecuaciones, lo que la minería de Bitcoin hace es tirar un
gigantesco dado repetidamente con el fin de generar un hash que esté
dentro de un determinado intervalo objetivo. Es sencillamente un
juego de azar que fuerza al consumo de una determinada cantidad de
energía.

¿Cómo son generados los bitcoins?

Hasta ahora hemos discutido como Alicia puede enviar $2 a Bob.
Ahora vamos a parar de hablar de dólares, porque Bitcoin no sabe
nada sobre dólares. Lo que tenemos son los propios bitcoins: unidades
digitales que representan valor en la red Bitcoin.

Para revisitar nuestro ejemplo, lo que realmente está pasando es que Alicia está enviando 2 bitcoins a Bob anunciando que está moviendo bitcoins que están registrados bajo su "cuenta" a la de Bob. Alguien entonces gana la lotería de la Prueba de Trabajo y consigue ser el que escriba su transacción en el libro de registros.

¿Pero dónde consiguió Alicia los 2 bitcoins en primer lugar ?¿Cómo comenzó Bitcoin y cómo podía nadie conseguir bitcoins antes de que fuese posible comprarlos en plataformas de intercambio con monedas fiduciarias como el dólar o el euro?

Cuando Satoshi creó Bitcoin, podía haber creado una base de datos con él como propietario de los 21 millones de bitcoins y preguntarle a otros si querrían comprárselos a él. Sin embargo, habría pocas razones para que la gente viese valor en un sistema donde una sola persona fuese propietaria de toda la riqueza. Satoshi podría haber creado un registro donde la gente pudiese darse de alta para ganar la posibilidad de obtener algunos bitcoins usando un email, pero eso podría ser susceptible de un ataque sybil (hacerse pasar por alguien) dado que generar millones de direcciones de email es prácticamente gratis.

Ocurre que el proceso de minar bitcoins, que es el proceso de jugar a la lotería de la Prueba de Trabajo y obtener derecho de acceso al libro de registros, es el mismo origen de los nuevos bitcoins. Cuando encuentras un bloque válido, a base de consumir una gran cantidad de energía y encontrar un número que gane la lotería, obtienes el derecho de escribir cualesquiera transacciones que hayas escuchado en ese bloque y por lo tanto en el libro de registros. Pero también tienes derecho a escribir una transacción adicional muy especial, llamada la transacción *coinbase* (que podríamos llamar transacción de *acuñamiento base*). Esta transacción lo que dice básicamente es "12,5 bitcoins fueron acuñados y dados a Mary la minera como compensación por toda la energía que ha consumido para minar este bloque."

Así es como se generan los bitcoins. Este proceso permite a cualquiera en el mundo empezar a acuñar sus propios bitcoins sin necesidad de una autoridad central y sin identificarse a ellos mismos, mientras estén dispuestos a pagar el coste de la energía necesario para jugar a esta lotería. Esto hace la emisión de Bitcoin resistente a ataques sybil. Si quieres monedas, vas a tener que consumir algo de energía y pagar algo de dinero para minarlas.

La recompensa del bloque

La persona que gana la lotería obtiene nuevos bitcoins. ¿Por qué 12,5 y no 1000? ¿Por qué no puede hacer trampas y darse a sí mismo cualquier otra cantidad?

Bitcoin es un sistema de consenso distribuido. Esto significa que todos tienen que estar de acuerdo en qué es válido. La manera de hacerlo es ejecutando software en su ordenador que haga cumplir una serie de reglas bien conocidas como las reglas de consenso de Bitcoin. Cualquier bloque producido por un minero es validado a través de estas reglas. Si pasa las pruebas, cualquiera lo escribirá en su libro de registro y lo dará por válido. En caso contrario, el bloque es rechazado.

Aunque la lista completa de reglas es más bien compleja, aquí tienes varios ejemplos:

- Un bloque válido puede generar una cantidad de bitcoins determinada por el programa de emisión escrito en el software.
- Las transacciones deben tener firmas válidas indicando que la gente que gasta esas monedas ha autorizado adecuadamente esos gastos.
- No debe haber transacciones que gasten monedas que hayan sido gastadas previamente en este bloque o en bloques anteriores.
- Los datos en el bloque no deben ser superiores a un tamaño específico.

- El hash del bloque de la Prueba de Trabajo debe estar por debajo del número objetivo actual, probando la improbabilidad estadística de minar este bloque de cualquier manera diferente a la que resulte consumiendo una determinada cantidad de energía.

Si Mary mina un bloque y decide darse a sí misma un poco extra, las computadoras de todos los demás rechazarán este bloque como inválido, porque dentro del software de cliente de Bitcoin que todo el mundo está ejecutando, hay un trozo de código que dice "la recompensa de bloque actual es de 12,5 bitcoins. Si ves un bloque que de a alguien una cantidad superior a esta, no lo aceptes".

Si Mary intenta engañar y producir un bloque inválido, el bloque no se escribirá en el libro de registros de nadie y en vez de eso, habrá malgastado miles de dólares en electricidad produciendo algo que nadie quiere: una falsificación. Esto es lo que da a Bitcoin lo que llamamos un "lujo infalsificable", un término acuñado por el pionero en criptomonedas Nick Szabo en su ensayo *Shelling Out*. Intuitivamente, sabemos que si el dinero fuese muy fácil de falsificar, no sería muy útil como dinero. Bitcoin es en la actualidad imposible de falsificar, cosa que es posible probar con una simple verificación matemática.

Satoshi minó el primer bloque (conocido como *bloque génesis*) para generar los primeros bitcoins jamás producidos. El código fuente de bitcoin es libre, lo cual significa que cualquiera puede echar un vistazo a cómo funciona y validar que nada sospechoso está pasando de manera encubierta. Pero incluso Satoshi tuvo que ejecutar miles de millones de cálculos y jugar a la lotería de la Prueba de Trabajo para minar el primer bloque. No podría haber producido una falsificación fingiendo el gasto eléctrico requerido, incluso habiendo sido el creador del sistema.

Cualquiera uniéndose a la red después de Satoshi era capaz de comprobar el número de hash generado y el objetivo inicial así como los datos de la transacción para verificar que había conseguido verdaderamente alcanzar el estadísticamente raro número objetivo a base de gastar una determinada cantidad de energía. ¡Imagínate ser capaz de auditar cómo el sistema fiduciario bancario actual crea dinero de esta manera tan precisa y en tiempo real!

El halving

El proceso de minería produce nuevos bitcoins. Pero Satoshi quería un sistema que no fuese posible devaluar. Él no quería que la oferta monetaria se pudiese expandir a perpetuidad. En vez de eso, diseñó un programa de emisión que empezase rápido y que se fuese aproximando lentamente a cero monedas emitidas por año.

Al principio, la recompensa del bloque era de 50 bitcoins, que fue la recompensa que recibió Satoshi por minar el primer bloque, así como otra gente que se unió a la red minando los primeros bloques durante los primeros días de Bitcoin.

El código de Bitcoin promueve un *halving* (literalmente "reducción a la mitad") de la recompensa del bloque, que reduce la recompensa a la mitad aproximadamente cada 4 años. Esto está basado en el número de bloques minado, más que en el paso del tiempo, pero se puede calcular la equivalencia dado que los bloques se producen aproximadamente cada 10 minutos (210.000 bloques en aproximadamente 4 años)

La recompensa del bloque en 2008 eran 50 bitcoins, en 2012 25 bitcoins y en 2016 12,5 bitcoins. Hoy en día, a 8 de junio de 2019, se habían minado ya 579.856 bloques desde el principio de la historia de Bitcoin, y la recompensa es de 12,5 bitcoins por bloque.

Dentro de 50.144 bloques, o aproximadamente en mayo de 2020, la recompensa será reducida a 6,25 bitcoins por bloque, llevándonos a un incremento anual de la oferta de bitcoins de aproximadamente 1,8%.

Una década después, tras dos *halvings* más, más del 99% de todos los bitcoins que jamás existirán habrán sido minados ya y menos de 1 bitcoin será producido en cada bloque. Puedes monitorizar el halving de la recompensa del bloque en bitcoinblockhalf.com.

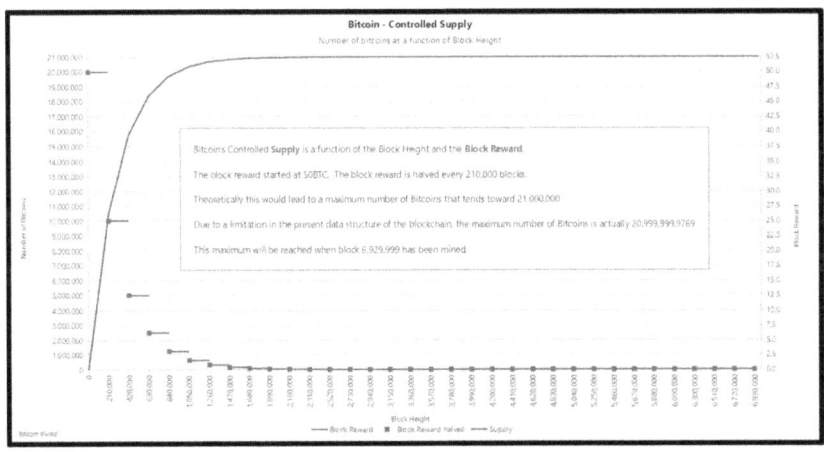

https://en.bitcoin.it/w/images/en/4/42/Controlled_supply-
supply_over_block_height.png

Finalmente, alrededor del año 2140, la recompensa del bloque desaparecerá por completo, y los mineros tendrán como incentivos exclusivamente las comisiones pagadas por aquellos llevando a cabo las transacciones.

Estas cifras de emisión y recompensas se hacen cumplir desde el código de Bitcoin, que por énfatizar, es completamente abierto y puede ser validado por cualquiera - así que dependiendo de cuanto nos alejemos en la historia de Bitcoin, producir un bloque que no siga estas reglas hará que este sea rechazado por todos los demás que estén comprobando estas reglas escritas en su código.

Controlando la emisión y el intervalo de minado

La minería requiere hardware para realizar los cálculos y electricidad, así que cuanto más hardware y electricidad controles, más probable será que encuentres el número ganador respecto a otros participantes. Por ejemplo, si hay 100 máquinas de minar con exactamente las mismas capacidades de minado en la red, y controlas 10 de ellas, entonces encontrarás el bloque ganador aproximadamente un 10% de las veces. Sin embargo, minar es un proceso basado en el azar y aleatoriedad, luego es posible que puedan pasar horas o incluso días sin que encuentres bloque alguno.

Sabemos por la sección anterior que los mineros no se pueden dar recompensas de bloque arbitrarias porque en ese caso los otros nodos rechazarían los bloques que hayan generado. Pero y ¿si consumen una gran cantidad de energía para acelerar el minado de bloques y consiguen un importante número de bitcoins, violando la restricción del programa de emisión que debería ser conocido con antelación?

Vayamos otra vez al ejemplo de que haya solo 1000 posibles hashes y que nuestro objetivo sea 100. Esto significa que el 10% del tiempo lanzaremos un dado obteniendo un resultado que será inferior a 100 consiguiendo así generar un bloque.

Digamos que lleva un segundo calcular cada hash. Si cada segundo lanzamos nuestro dado a base de calcular las transacciones actuales con nuestro *nonce* aleatorio, y el 10% de las veces conseguimos un número inferior al número objetivo, entonces podemos esperar que nos llevará de media unos 10 segundos encontrar un hash válido.

¿Qué ocurre si dos computadoras juegan a la lotería? Serían el doble de rápidas calculando hashes, así que podríamos esperar encontrar un hash válido cada 5 segundos. ¿Y cómo sería si en vez de dos fuesen 10 computadoras jugando? Cualquiera de ellas podría encontrar un hash ganador aproximadamente cada segundo.

Esto crea un problema: si más gente se dedica a minar, entonces los bloques serán producidos más rápidamente. Esto tiene dos consecuencias que no queremos:

1. Interfiere con la idea de tener un programa de emisión predeterminado. Queremos un número de bitcoins relativamente consistente por hora con el fin de poder emitirlos todos hacia el año 2140, pero no antes.

2. Crea problemas de red: si los bloques son minados tan rápido que no tienen tiempo de alcanzar el total de la red antes de que el siguiente sea minado, entonces no podemos llegar a un consenso sobre la historia de las transacciones, dado que varios mineros podrían incluir la misma transacción en sus bloques, haciendo así muchos de los bloques inválidos al contener transacciones que ya han sido gastadas en otros bloques.

Y si menos gente está minando, tenemos el problema opuesto:

1. Los bitcoins se emiten demasiado despacio, interfiriendo nuevamente con el programa de emisión.

2. El sistema podría terminar siendo no usable si la gente tiene que esperar horas, días o más para conseguir que su transacción fuese escrita en el libro de registros.

El número total de hashes por segundo ejecutado por todos los mineros de la red Bitcoin se denomina *hash rate (o "tasa de hashes")*.

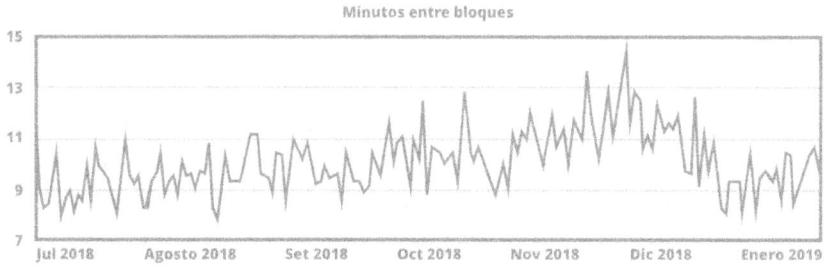

El tiempo entre bloques varía dependiendo del hash rate que viene y se va así como del propio azar.

Ajustes de dificultad: acuerdo en el número objetivo

Dado que Bitcoin es un sistema voluntario y libre de la necesidad de permiso donde la gente puede participar según le apetezca, sin que haya nadie a cargo, el número de mineros en un momento dado variará enormemente. Necesitamos una manera de mantener la producción de bloques constante y no acelerarla ni frenarla cada vez que los mineros se unan o vayan de la red.

¿Cómo podemos hacer más difícil encontrar hashes válidos si más jugadores de la lotería se unen y más fácil si los jugadores la abandonan, con el fin de mantener los tiempos de generación de bloques más o menos constantes?

Recuerda que la minería de Bitcoin es una lotería donde estamos intentando generar un número aleatorio más pequeño que el número objetivo:

Estamos intentando acertar dentro de este pequeño espacio. El número de resultados posibles es extremadamente grande, así que nos llevará mucho tiempo llegar ahí a base de lanzar aleatoriamente el dado.

Bitcoin resuelve este problema con el llamado *ajuste de la dificultad de minado*. Dado que todos ejecutan el mismo software, que promueve las mismas reglas, y que todos tienen una copia completa de la historia hasta el momento presente, todos pueden calcular de manera independiente con qué rapidez se están generando los bloques.

Cada vez que se generen 2016 bloques, que es aproximadamente igual a unas dos semanas [1], miramos atrás y averiguamos cuánto nos ha llevado producir estos bloques y entonces ajustamos nuestro *número objetivo* para acelerar o frenar la producción de bloques.

Todo el mundo toma los últimos 2016 bloques y los divide por el tiempo que ha llevado producirlos para crear una media. ¿Resultó ser superior a los 10 minutos? Vamos demasiado despacio. Llevó menos de 10 minutos? Vamos demasiado rápido.

Ahora podemos hacer un ajuste en el *número objetivo* para que aumente o disminuya en proporción a lo que queremos acelerar o frenar el ritmo de generación de bloques, basándonos en el intervalo de 10 minutos que está escrito en el código fuente.

Podemos elevar el número objetivo a uno superior, creando un espacio más grande de hashes válidos, dando a los mineros mayores probabilidades de encontrar un hash ganador, consumiendo así una menor cantidad de energía por bloque encontrado. A esto se le llama *bajar la dificultad*.

Incrementar el objetivo aumenta el espacio en el que debemos acertar, haciendo así más probable el que ocurra en menor cantidad de intentos y más barato el consumo de energía.

Alternativamente podemos bajar el número objetivo para que menos hashes sean válidos, y que los mineros tengan que consumir más energía encontrando un hash de bloque válido. A esto se le llama *incrementar la dificultad*.

Esto significa que para cualquier período de 2016 bloques, sabemos exactamente cuál es el número objetivo. Esto nos permite saber el umbral bajo el cual el número hash de la Prueba de Trabajo debe caer para un billete de la lotería ganadora para cualquier bloque minado en ese período.

El ajuste de la dificultad y el cálculo del *número objetivo* son posiblemente las innovaciones clave de Bitcoin, permitiendo a todos verificar independientemente los números de lotería basándose en un objetivo que pueden calcular independientemente exactamente de la misma forma que todos los demás. Esto es lo que nos permite jugar a loterías sin que nadie nos diga la combinación ganadora.

La gráfica de abajo muestra el *hash rate* como una línea y la dificultad como barras a lo largo del tiempo. La dificultad aparece como una escalera porque se ajusta en intervalos de 2016 bloques. Puedes ver que cada vez que el *hash rate* se eleva por encima de la dificultad, ésta última se eleva también para ponerse al nivel del hash rate. Cuando el *hash rate* cae, cómo ocurrió durante el período de Oct-Dic 2018, la dificultad cae abajo también. El ajuste de dificultad siempre lleva un retraso con respecto a lo que el *hash rate* haga durante el período de dificultad de 2016 bloques.

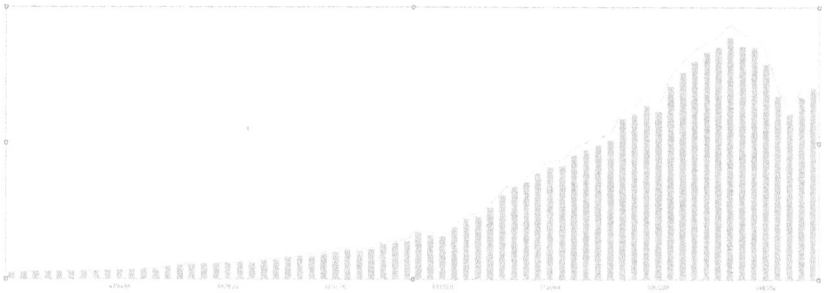

Hash Rate vs. Dificultad

Por haber un retraso de 2016 bloques en el ajuste de la dificultad, es posible grandes picos arriba y abajo en el hash rate produciendo de más o de menos bloques durante ese período, violando así levemente el programa de emisión.

Dado que añadir *hash rate* típicamente significa el tener que fabricar una gran cantidad de nuevo hardware, los picos suelen ser relativamente inusuales y no impactan las cosas demasiado. Cualesquiera que sean estos efectos se limitan a la ventana de 2016 bloques en la que ocurren, mientras que el siguiente ajuste en la dificultad nos devuelve a la media de 10 minutos por bloque.

El 'hash rate' y el valor en dólares de Bitcoin

Bitcoin automáticamente recalcula la dificultad basándose en el total de la capacidad de computación de todos los jugadores, que son los mineros gastando energía a través del cálculo de hashes. Aquí es donde el mundo real empieza a tocar el mundo digital. El precio de Bitcoin, el precio del hardware, el de la energía y el *número objetivo* de la dificultad crean una bucle que se retroalimenta:

1. Los especuladores compran bitcoins porque piensan que va a subir, aumentando el precio a $X.
2. Los mineros se gastan hasta $X en energía y hardware para tratar de minar bitcoins.
3. Una alta demanda de compradores causa un incremento en el precio y empuja a más mineros a minar bitcoins con importantes beneficios.
4. Más mineros significa más *hash rate* y más energía consumida en la producción de bitcoins, haciendo que la red sea así más segura. Los compradores, conscientes de una mayor seguridad, se lanzan a comprar más empujando el precio más arriba.
5. Tras pasar 2016 bloques, la presencia del nuevo *hash rate* causa un ajuste en la dificultad hacia arriba.
6. Una mayor dificultad significa un número objetivo inferior - los mineros encuentran bloques con menor frecuencia - causando que algunos de ellos gasten más de $X en costes operativos para minar bitcoin.
7. Algunos mineros entran en pérdidas, gastando más energía para minar de lo que pueden ganar vendiendo los bitcoins

generados. Apagan por ello sus máquinas haciendo así caer el *hash rate* total de la red.

8. Transcurren otros 2016 bloques. La dificultad vuelve a ajustarse para hacerse más fácil, dado que algunos mineros apagaron sus equipos. El número objetivo aumenta como consecuencia de ello.

9. Una dificultad más baja significa que los mineros que no eran rentables anteriormente pueden volver online y minar, o que nuevos mineros pueden unirse al juego.

10. Vuelve al punto 1.

En un mercado bajista, el ciclo va en la dirección contraria, con los usuarios vendiendo sus bitcoins, haciendo que el precio baje y que la minería deje de ser rentable.

El algoritmo de ajuste de la dificultad asegura que siempre habrá un equilibrio entre el precio y la cantidad de *hash rate* minando en la red. Incluso si el precio fuese a caer drásticamente y expulsar a la mitad del *hash rate* actual, el subsiguiente ajuste de la dificultad haría a la minería rentable otra vez al nuevo precio de equilibrio.

La naturaleza del ajuste de la dificultad empuja fuera a los mineros ineficientes en favor de los que estén operando con la energía más barata y los menores costes operativos totales. Tras los años, esto fuerza a los mineros de Bitcoin a ir a las zonas más remotas del mundo, usando fuentes de energía infrautilizadas o totalmente vírgenes. Un informe de CoinShares [2] desde 2019 ha estimado que aproximadamente un 75% de la minería de Bitcoin funciona con energías renovables.

Durante los últimos años, el precio ha subido mucho, así como el *hash rate* del total de la red. Cuanto más alto el *hash rate*, más difícil es atacar la red, pues para conseguir escribir un registro en el siguiente bloque, necesitarías tener tanta energía y hardware bajo tu control como la mitad de la red. Hoy, la energía de la red consumida por la red de mineros de Bitcoin se estima que es equivalente a la de un país de tamaño mediano.

Comisiones y el fin de las recompensas de bloque

Si la recompensa del bloque eventualmente termina, ¿cómo continuaremos incentivando a los mineros para quemar energía y asegurar el libro de registros? La respuesta de Bitcoin es las comisiones por transacción. No solo sustituyen la recompensa del bloque a lo largo del tiempo, sino que generalmente dan a los mineros incentivos a para incluir transacciones en bloques con el fin de que no se limiten a minarlos vacíos para recibir la recompensa.

Las comisiones se fijan por un sistema de libre mercado donde los usuarios hacen su oferta para utilizar espacio escaso en el bloque. Los usuarios que envían transacciones indican cuántas comisiones están dispuestos a pagar a los mineros, y los mineros pueden o no incluir las transacciones que vean dependiendo de las comisiones. Cuando hay pocas transacciones esperando para ser incluidas en el bloque, las comisiones tienden a ser muy bajas dado que no hay competición. Tan pronto como el bloque se empieza a llenar, los usuarios estarán dispuestos a pagar comisiones más grandes para conseguir que sus transacciones se incluyan antes en el bloque (y que se confirmen lo antes posible). Aquellos que no quieren pagar siempre pueden fijar las comisiones más bajas y esperar más tiempo para que su transacción sea incluida en un bloque más adelante cuando haya más espacio disponible en este.

En los sistemas financieros tradicionales, las comisiones tienden a estar basadas en un porcentaje de la cantidad que se está transfiriendo. En Bitcoin el valor que se transfiere no tiene relación alguna con las comisiones. En vez de eso, las comisiones tienen relación directa con el recurso escaso que consumen, que es el tamaño del bloque. Las comisiones se miden en satoshis por byte (8 bits) de espacio consumido. Así, la transacción que envíe un millón de bitcoins de una persona a otra podría ser en realidad más barata que otra que divida un bitcoin entre 10 destinatarios porque esta última requerirá mayor espacio en el bloque.

En el pasado, ha habido períodos en los que Bitcoin se estaba demandando mucho, tal y como ocurrió durante el rápido crecimiento en el precio de finales del año 2017. En este momento, las comisiones estaban muy altas. Desde ese momento, varias nuevas funcionalidades fueron añadidas para reducir la presión sobre las comisiones en la red.

Una de ellas se llama *Segregated Witness* (o "testigo segregado"), que consiste en reorganizar cómo se representan los datos del bloque. Las transacciones que se aprovechan de esta actualización pueden usar una cantidad de espacio superior al 1MB empleando varios trucos que están fuera del alcance de lo que se pretende explicar en este libro.

El otro alivio para las comisiones ha llegado gracias al *batching* (procesamiento por lotes): las plataformas de intercambio y otros operadores con gran volumen en este mercado comenzaron a combinar transacciones de bitcoins de muchos usuarios en una sola. Al contrario de los sistemas tradicionales en tu banco o en PayPal que son de una persona a otra, una transacción puede combinar gran cantidad de inputs y producir una gran cantidad de outputs. Por lo tanto, una plataforma de intercambio que necesite retirar bitcoins para 100 personas, podrá hacerlo en una sola transacción. Esto es un uso mucho más eficiente del espacio del bloque, convirtiendo lo que podría ser solo un puñado de transacciones por segundo en miles de pagos por segundo.

Segregated Witness y *batching* ya han hecho un gran trabajo en reducir la demanda del espacio del bloque. Nuevas mejoras están pendientes de hacerse próximamente que harán el espacio del bloque todavía más eficiente. Sin embargo, llegará un momento en el que las comisiones serán altas otra vez a medida que los bloques se vayan llenando por la demanda.

Casi hemos completado la invención de Bitcoin:

1. Reemplazamos un banco central con un libro de registros distribuido.

2. Hemos creado un sistema de loterías para seleccionar quién escribe en el libro de registros.

3. Obligamos a los participantes en la lotería a consumir energía para comprar billetes para el cálculo de los hashes y hacemos fácil para todos el verificar los billetes ganadores con una simple comprobación de los números de hash producidos por los jugadores, contra un *número objetivo* calculado de manera independiente.

4. Les hemos dicho a los jugadores de la lotería que si no siguen las reglas, rechazaremos los bloques incluyendo las transacciones *coinbase* para que no sean pagados cuando ganen, desincentivando así el que hagan trampas y en cambio incentivando económicamente el que sí sigan las reglas.

5. Controlamos el tiempo y la selección del número objetivo para la lotería permitiendo a todos calcular por sí mismos cuál es el *número objetivo* basándose en reglas fijas y en la historia de los últimos 2016 bloques.

6. Usar código de fuentes abiertas (software libre) para asegurarse de que todos puedan verificar por sí solos que estaban promoviendo las mismas reglas respecto a su validez, recompensa del bloque y dificultad de cálculo.

No más entidades centrales. Hemos distribuido y descentralizado el sistema por completo. Casi hemos obtenido la foto completa. Pero persiste un problema. Cuando alguien se une a la red y pide copias del libro de registro, puede que obtenga copias diferentes de diferentes nodos. ¿Cómo nos aseguramos de que existe una única historia lineal y cómo podemos evitar que los mineros puedan reescribir el pasado?

---

1. El período de ajuste de 2016 bloques se escogió basándose en el deseo de que el intervalo de generación de un bloque fuese de 10 minutos. 10 minutos x 2016

bloques son dos semanas. El intervalo del bloque lo escogió Satoshi arbitrariamente para ser suficientemente grande como para que todos los nodos pudiesen
sincronizarse con el último bloque. El período de ajuste de dos semanas fue
también escogido arbitrariamente pero diseñado para evitar que se pudiese
manipular el sistema a base de hacer cambios abruptos en el *hash rate*.

2. Aprende más sobre el estado actual de la minería de Bitcoin https://coinshares.co.
uk/bitcoin-mining-cost-june-2019/

5

ASEGURANDO EL LIBRO DE REGISTRO

Hasta ahora hemos hablado sobre cómo nos las arreglamos para mantener copias y escribir entradas en un libro de registro distribuido sin permitir la coacción ni la corrupción, usando un sistema de lotería y la validación vía consenso.

Pero ¿qué ocurre cuando el ganador de una lotería tiene malas intenciones? ¿Puede un minero cambiar las entradas históricas en el libro de registros? ¿Pueden nuestros actores malos Eve, Dave y Farrah ponerse de acuerdo para reescribir la historia o cambiar los saldos de algunas cuentas y darse así bitcoins extra?

Hablemos de la *blockchain*. Un término marketiniano que ha permeado buena parte del sector tecnológico, la blockchain no es más que la idea de que los *bloques* de los que hemos hablado están vinculados entre sí o *encadenados*. De esta manera, se crea una historia lineal del acuñamiento de las monedas y de los gastos con ellas desde el bloque génesis de Satoshi en el 2009 hasta el día de hoy.

Hemos mentido un poco en el capítulo anterior para mantener las cosas sencillas. Cuando minas jugando a la lotería de la Prueba de Trabajo, las transacciones en la cola para el bloque siguiente más un *nonce* aleatorio no son las únicas cosas sobre las que se calcula el hash. También se añade un hash del bloque anterior, de tal manera que queda para siempre un vínculo entre ambos bloques.

Recuerda que el output de una función de hash es impredecible y dependiente de todos los inputs que introduzcas en el. Hemos modificado ahora los hashes de nuestro bloque para incluir tres inputs diferentes:

1. Las transacciones que queremos incluir en el libro de registros.
2. Un *nonce* aleatorio.
3. Un hash del bloque anterior que estemos usando como la base de la historia de nuestro libro de registros.

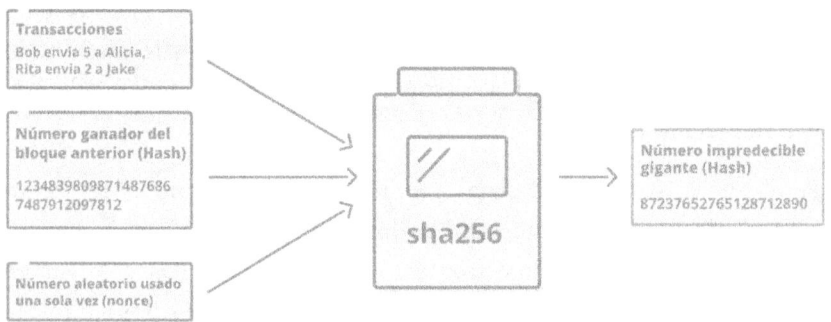

Los 3 inputs usados para construir un número de hash para la lotería ahora incluyen el anterior hash ganador, vinculando así un bloque con el siguiente.

Esto nos permite construir un registro histórico de cada bloque hacia atrás hasta el primer bloque génesis minado por Satoshi. Cuando escribimos un nuevo bloque en la cadena, tenemos que validar que este bloque no contiene ninguna transacción que gaste bitcoins que ya hubiesen sido gastados con anterioridad.

Si cualquiera de los hashes usados como inputs cambiase, el hash del output cambiaría también de una manera drástica e impredecible. Si manipulas datos en un bloque en el pasado, cambiarás su hash. Pero como el hash fue empleado como input en subsiguientes bloques, terminarías también cambiando los hashes de esos bloques. El hash del ultimo bloque en la cadena, estando conectado a los hashes de todos los bloques anteriores, ¡actúa como una huella digital de la historia completa de la cadena hasta ese punto!

No puedes por lo tanto engañar a la Prueba de Trabajo dado que todo el mundo conoce cuánta energía has consumido en cada bloque basándose en el número objetivo requerido para ese bloque. Si cualquiera intentase cambiar un bloque antiguo en la cadena, tendrían que recalcular el hash de la Prueba de Trabajo del bloque que estuviesen manipulando y todos y cada uno de los bloques que viniesen a continuación. No solo se hace evidente la manipulación en la blockchain de Bitcoin, sino que es extremadamente costoso lograrlo.

Así, en la práctica, cada nuevo bloque que se mine añade seguridad a todos los bloques que le antecedieron, dado que añade electricidad a la necesaria para recomputar los hashes de la Prueba de Trabajo de la cadena hasta ese punto. Una transacción en un bloque que está enterrado bajo 6 bloques seguidos se considera como totalmente segura por todos los comerciantes hoy en día. Sería necesaria una extraordinaria cantidad de energía recalcular el hash de los últimos 6 bloques con el *hash rate* de la red en la actualidad. ¿Y uno que esté bajo 100 bloques seguidos? ¡Ya puedes ir olvidándote!

Cuando te descargas una copia de la blockchain, cada transacción en cada bloque es totalmente transparente y puedes comprobar los hashes de la Prueba de Trabajo tu mismo para asegurarte de que nada fue alterado por la persona que te envió el libro de registro.

Cuando tenemos dos bloques distintos al mismo tiempo

Hay una pieza que falta en el sistema de consenso: ¿cómo podemos forzar a todo el mundo a que tengan la misma historia lineal de transacciones si los mineros minan simultáneamente dos bloques y los envían a todo el mundo?

Imagina que estemos ahora gestionando una red mundial. La gente alrededor del mundo, desde USA a China, están conectados a esta red global y están todos jugando a la lotería de la Prueba de Trabajo (minería).

Alguien en Chicago encuentra un bloque válido. Ellos lo anuncian a la red y todas las computadoras en Estados Unidos empiezan a tomar este bloque. Mientras, alguien en Shanghai encuentra también un bloque pocos segundos después del de Chicago. Sus vecinos todavía no han sabido nada del bloque estadounidense, así que reciben noticias del bloque chino antes.

Estos dos bloque contienen una transacción que va de Alice a Bob de 1 bitcoin. Pero inmediatamente tras recibir ese bitcoin, Bob lo envía a Charlie. Dadas las diferencias de tiempo, el bloque americano refleja esta transacción y Bob tiene un saldo final de cero. Sin embargo, los Chinos minan su bloque antes de ver el gasto de Bob a Charlie. Los chinos muestran un saldo de 1 bitcoin para Bob.

La red se divide para decidir cuál es la copia correcta del libro de registros, dado que ambas contienen transacciones válidas y están vinculadas a la historia de todos los bloques que les precedieron. Ambas contienen una cantidad válida de Prueba de Trabajo. A esto se le llama una división de la cadena. No puedes confiar en que ninguna entidad central te diga cuál de las dos gane. ¿Qué deberías hacer?

Bitcoin provee una solución muy sencilla: esperemos y veamos qué pasa. Los mineros son libres de decidir con qué bloque se quieren quedar como base de de los siguientes bloques. Los estadounidenses estarán minando para vincular al bloque del que "oyeron hablar" por primera vez, y los chinos minarán por encima del suyo propio.

En el siguiente período de aproximadamente 10 minutos, otro bloque será minado. En el código de Bitcoin hay una regla que dice que el que haya gastado más energía en todos los bloques de su cadena es quien gana. Esta regla clave de Bitcoin que nos pregunta la suma de todo el trabajo realizado en la cadena en favor de aquella que haya acumulado mayor cantidad de trabajo es lo que llamamos a veces el "consenso Nakamoto", en honor de Satoshi.

Digamos que los chinos minan el bloque siguiente. Su cadena tiene ahora un bloque más que la estadounidense y contiene mayor Prueba de Trabajo total. Cuando transmitan este descubrimiento, los nodos estadounidenses reconocerán que la cadena china ha producido una cantidad superior de trabajo acumulada y reorganizarán su cadena. Esto significará que se desharán del bloque que habían minado y añadirán los dos nuevos bloques chinos.

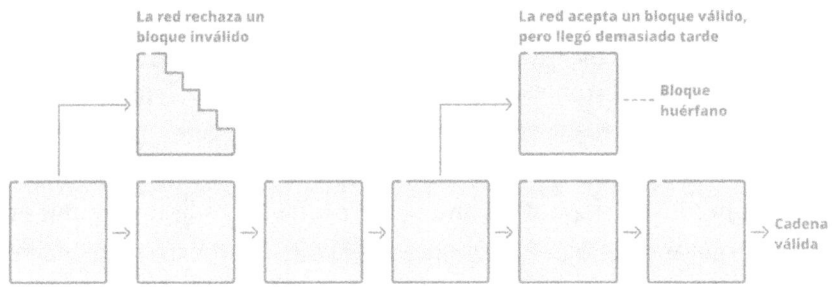

Una división en la cadena es un proceso natural que ocurre cuando los mineros encuentran un bloque al mismo tiempo. La cadena que sea más pesada en términos de Prueba de Trabajo es válida y el otro bloque se vuelve huérfano.

El bloque estadounidense desechado se llama ahora "huérfano". Dado que fue rechazado, el minero que lo minó no consiguió su recompensa y ninguna de las transacciones en ese bloque terminaron escritas en el libro de registros. Sin embargo las transacciones rechazadas no se pierden. Algunas de ellas pueden haber conseguido entrar en el bloque competidor chino y cualquiera que no lo hubiese conseguido, será eventualmente escrita en un futuro bloque.

Los mineros almacenan todas las transacciones que escuchan en un lugar especial en su computadora llamado *mempool* o *memoria de reserva*. Cualesquiera transacciones desde un bloque rechazado se vuelven a introducir en la memoria de reserva. Serán minados por alguien en el futuro mientras no entren en conflicto con la nueva historia del libro de registros generada por el último bloque.

Puedes haber notado que aunque te refieras a los nodos como chinos o estadounidenses, en realidad los nodos no saben nada sobre la identidad o ubicación de los demás. La única prueba de validez que necesitan es que alguien tenga la cadena con la mayor Prueba de Trabajo acumulada y que las transacciones en la cadena sean todas ellas válidas (sin dobles gastos, etc.).

Esta clase de divisiones de la cadena es normal y ocurre de vez en cuando. Suelen resolverse en el bloque siguiente. Las mejoras en la tecnología de propagación de los bloques y en la conectividad de la red entre mineros hacen también que este problema sea cada vez un tema menos importante. En el día de hoy y previsiblemente en el futuro que podemos prever, Bitcoin tiene un límite rígido en la cantidad de datos permitidos en un bloque. Parte de la razón de que Bitcoin produzca bloques relativamente pequeños cada 10 minutos es para asegurarse de que los bloques huérfanos sean extremadamente infrecuentes.

La minería es probabilística. A veces los bloques se distancian 10 minutos y otras solamente segundos. Si produjésemos bloques cada segundo o tuviésemos bloques demasiado grandes, tendríamos altas probabilidades de que los bloques chinos y estadounidenses entrasen en conflicto pues al estar apartados geográficamente les llevaría más tiempo alcanzar los unos a los otros. Si los bloques huérfanos se produjesen con demasiada frecuencia, entonces la blockchain se desarmaría. Habría bloques huérfanos sobre más huérfanos y no habría tiempo suficiente para ponerse de acuerdo en cual es el bloque de consenso, antes de que el siguiente bloque fuese minado.

Es importante mantener los bloques pequeños para aumentar las posibilidades de que el total de la red pueda recibir el último bloque antes de que el siguiente sea minado. La otra razón y quizás más importante, es mantener relativamente bajos los requisitos de hardware para ejecutar un nodo y de esta forma animar a ejecutar más nodos, así como una minería más descentralizada en el sistema a lo largo del tiempo. Los bloques grandes animarían a los mineros a establecerse en datacenters y regiones geográficas que les permitiesen evitar bloques huérfanos, lo cual impactaría negativamente en la rentabilidad.

La única y auténtica cadena

Volvamos al ejemplo del Capítulo 3 donde Henry se une a la red de Bitcoin por primera vez.

El nodo de Henry se conectará a unos cuantos nodos en la red, y les preguntará sobre otros nodos que conozcan para conectarse a estos a su vez. Esto se llama *descubrimiento de nodos.*

Algunos de estos nodos serán directamente "malvados" y le enviarán copias falsas del libro de registros con firmas incorrectas para las transacciones o falsificadas con bitcoins acuñados de manera inadecuada sin los correspondientes hashes válidos de la Prueba de Trabajo. A estos nodos se les prohibirá de inmediato conectarse al nodo de Henry. [1]

Otros nodos a los que se conecte serán honestos, pero tendrán versiones de la verdad conflictivas entre sí. Por ejemplo, algunos de ellos puede que hayan estado offline por algún tiempo y que estén uno o dos bloques por detrás. Si descargase múltiples copias de la blockchain, aunque fuesen todas válidas, el software en su nodo usaría el consenso de Nakamoto. Mediría la Prueba de Trabajo acumulada y aquella que tuviese la cantidad mayor, sería considerada la *cadena auténtica.*

Los nodos se comunican constantemente entre sí para asegurarse de que cuentan con los últimos bloques. Dado que todos los nodos siguen la regla de la cadena con más trabajo acumulado, habrá consenso en cual es el auténtico estado del libro de registros. Henry no tiene que confiar en la mayoría del voto, que sería fácil de manipular a base de convertir a la mayor parte de nodos en "malvados".

Incluso si Henry se conecta a docenas de nodos maliciosos y a uno solo correcto, su software de Bitcoin sabrá qué copia es la correcta porque contendrá la mayor cantidad de Prueba de Trabajo acumulada y consistirá de transacciones válidas hacia atrás hasta el bloque génesis. No se debe minusvalorar la importancia que esto tiene. Henry no necesita confiar en nadie; su nodo ejecutará todas las validaciones para asegurarse de que la blockchain que esté mirando es la auténtica cadena verdadera.

Es por lo tanto extremadamente difícil para hackers maliciosos dar a un nodo una copia falsa de la blockchain. Para conseguirlo requeriría cortar la conexión con otros nodos honestos y conectarse exclusivamente a nodos controlados por los atacantes.

Reversibilidad de las transacciones

Dos cadenas competidoras se suelen producir de manera casual y se resuelven de manera rápida. Sin embargo, alguien que quiera atacar la red puede tomar ventaja del Consenso Nakamoto a base de controlar más del 50% del *hash rate* de la red. Ellos pueden entonces producir la cadena con la mayor Prueba de Trabajo acumulada con las transacciones que deseasen, mientras estuviesen dispuestos a consumir la energía necesaria. Cuando transmiten esta cadena, otros nodos la aceptarían como aquella *cadena verdadera*. Esto es lo que se considera un ataque del 51% pues requiere controlar más de la mitad del *hash rate*.

Es importante comprender que ninguna transacción es definitiva en Bitcoin, dado que los ataques del 51% o incluso la posibilidad de que existan bloques huérfanos siempre son *teóricamente* posibles. Es por esto por lo que los receptores de transacciones típicamente esperan a que varios bloques sean minados tras la transacción con el fin de que esta se pueda considerar sellada en piedra para siempre. En este punto, la cantidad de energía requerida para revertir la transacción es tan caro que se considera muy improbable que ocurra.

Los bloques minados después de un bloque que contenga una transacción que pueda ser interesante para ti se llaman *confirmaciones*. Así que cuando escuches que una transacción de Bitcoin tiene 6 confirmaciones, lo que significa es que se han minado 6 bloques tras ella. Si estás vendiendo un libro digital que tiene un coste marginal para ti como comerciante, quizás quieras solamente 1 confirmación, o incluso te pueda bastar con 0 confirmaciones, con lo que estarás contento con dar el link de descarga tan pronto como veas la transacción emitida por la red. Si estás vendiendo una casa, quizás quieras esperar a 12 confirmaciones o aproximadamente 2 horas de minería. Cuanto más esperes, más Prueba de Trabajo habrá apilada por encima del bloque que contenga tu transacción y más trabajo va a costar revertir la transacción. Hoy, la mayor parte de la gente acepta 6 confirmaciones como prueba de pago con Bitcoin.

Si el *hash rate* de Bitcoin fuese a caer significativamente, implicando que menos energía está asegurando cada bloque, uno podría siempre aumentar el número de confirmaciones requeridas para aceptar un pago como asentado. Aunque la falta de firmeza de las transacciones pueda parecer desconcertante a primera vista, lo importante es tener en cuenta que las transacciones de tarjetas de crédito pueden típicamente revertirse hasta 120 días después de ser realizadas.

Por otra parte, las transacciones de Bitcoin son casi irreversibles con unas pocas confirmaciones. Desde este punto de vista, la reversibilidad y firmeza de las transacciones de Bitcoin son realmente una enorme mejora respecto a la mayor parte de las redes de pago, al menos desde el punto de vista del comerciante.

Las estimaciones actuales muestran que si tuvieses a tu alcance toda la energía de la red de Bitcoin --una suposición verdaderamente ambiciosa, ya que tendrías que hacerte con la energía consumida por un país y todo el hardware necesario-- te llevaría más de un año reescribir la historia completa de la cadena. Puedes explorar estos datos en http://bitcoin.sipa.be.

---

1. Este excelente ensayo (en inglés) profundiza sobre cómo Bitcoin gestiona los bloques inválidos: https://hackernoon.com/bitcoin-miners-beware-invalid-blocks-need-not-apply-51c293ee278b

6

BIFURCACIONES Y ATAQUES DEL 51%

Al principio, Satoshi minó los primeros bitcoins usando la CPU (unidad central de proceso) de su computadora. Dado que la dificultad inicial del sistema se estableció muy baja, fue relativamente barato para su computadora generar estas monedas.

A lo largo del tiempo, la gente empezó a modificar el software de minería para hacerlo más y más eficiente. Finalmente, escribieron software que empezaba a aprovecharse de las unidades de proceso gráfico especializadas (GPUs) que se suelen emplear para los videojuegos.

Con las GPUs, la minería se volvió miles de veces más eficiente que la minería con CPU. La dificultad se ajustó rápidamente para alcanzar la enorme nueva cantidad de *hash rate* que inundaba el sistema usando GPUs. En este punto, cualquiera que minase con CPU dejaba de ser rentable y tenía que apagar su máquina de minar.

Con el advenimiento de la minería de GPU, la eficiencia se mejoraba todavía más con la producción de Application Specific Integrated Circuits ("circuitos integrados para aplicaciones específicas") o *ASICs*. Este tipo de hardware está constituido por chips que realizan una única tarea: en este caso, ejecutan la función de hash de bitcoin sha256 y nada más. Al estar especializado en este algoritmo en particular, los ASICs eran miles de veces más eficientes que los GPUs para minar y la dificultad se volvió a ajustar hacia arriba, haciendo que las GPUs dejasen rápidamente de ser rentables, de la misma forma en que las GPU hicieron con las CPU. Cada pocos años, una nueva generación de equipos ASIC ponía versiones tempranas fuera del mercado gracias a sus grandes mejoras en la eficiencia.

Los primeros mineros en la red gastaban solo unos pocos céntimos en electricidad para producir sus bitcoins. A medida que el precio de bitcoin subía y más y más mineros se unían a la lotería, la dificultad subía también y se volvía a su vez más y más caro generar bitcoins. Hoy, el precio ronda los $11000 por moneda, y la gente consume miles de dólares en electricidad por cada bitcoin creado.

'Pools' de minería

Una cuestión con la minería de bitcoin es que no es determinista, como lanzar un dado. Esto significa que podrías gastar un montón de dinero en electricidad y no encontrar nunca un bloque válido.

En 2010, una innovación llamada *"pool* de minería" emergió para resolver el problema de los mineros consumiendo energía sin recibir recompensa alguna. Un pool de minería es un agrupamiento en el que se comparte el riesgo, similar a como funciona la industria del seguro.

Todos los mineros contribuyen a la minería del pool, creando así la apariencia de un minero grande. Si alguien en el pool encuentra un bloque, la recompensa del bloque se divide proporcionalmente entre los mineros en función del *hash rate* con el que contribuyeron al pool. Esto permite que pequeñas instalaciones de minería, aunque sean de particulares, puedan recibir recompensa por la pequeña cantidad de *hash rate* que contribuyen. Por proveer este servicio de coordinación, el pool se lleva una fracción de la recompensa.

Los pools de minería causan un efecto centralizado --los usuarios se concentran en grandes pools. Sin embargo, es importante recordar que los usuarios están minando para los pools y que estos no poseen en absoluto el *hash rate* que representan. Los usuarios pueden y de hecho cambian de pool de minería con el paso del tiempo.

De hecho, hay un precedente histórico de mineros abandonando un pool que se volvió demasiado poderoso. En 2014, Ghash.io tenía cerca de la mitad de la capacidad de minado de la red. Los mineros lo vieron como algo cerca de ser demasiado centralizado y lo abandonaron hacia otros pools voluntariamente.

Mientras que pools de minería relativamente centralizados son la realidad hoy en día, hay constantes mejoras en las tecnologías de minado incluyendo la propuesta BetterHash, que permite a mineros particulares controlar mejor lo que minan y reducir la dependencia en la coordinación de los pools.

Ataques del 51%

La centralización del pool de minería nos lleva a preocuparnos porque algunos de los pools más grandes puedan ponerse de acuerdo para llevar a cabo un ataque del 51% a la red. Hoy los 5 pools identificables más grandes juntos tienen más del 50% del *hash rate* total de la red. Examinemos cómo se podría producir un ataque así y qué peligros conllevaría.

Cuando tienes solo un 50% del *hash rate*, puedes dominar las entradas en el libro de registro pues puedes producir una cadena con más trabajo que los otros con el tiempo. Recuerda que el consenso Nakamoto dice que los nodos deben aceptar la cadena con la Prueba de Trabajo acumulada más grande que escuchen.

Aquí un ejemplo de como un muy simple ataque del 51% se podría llevar a cabo:

1. Digamos que la red en su conjunto está minando a 1000 hashes/segundo.

2. Compras bastante hardware de minería y electricidad suficiente para producir 2000 hashes/segundo. Ahora tendrás el 66% del *hash rate* total (2000 de 3000 hashes por segundo).

3. Empiezas a minar una cadena que contiene solo bloques vacíos.

4. En dos semanas, transmites tu cadena de bloques vacíos. Dado que estás minando aproximadamente el doble de rápido que los mineros honestos, tu cadena será aproximadamente el doble de grande que la de ellos en términos de Prueba de Trabajo acumulada. Transmitir a todos los nodos existentes les hará reorganizar sus cadenas y perder las dos últimas semanas de historia.

Además de minar bloques vacíos, que convierte a la cadena en no usable, puedes también llevar a cabo un ataque de doble gasto:

1. Enviar algunos bitcoins a una casa de cambio (*exchange*).

2. Cambiarlo por USD y retirar los USD.

3. En una fecha posterior, transmitir una cadena que has minado secretamente que no contenga el envío al exchange.

4. Has reescrito la historia y ahora tienes tanto los bitcoins originales como los USD.

El consumo energético del *hash rate* de Bitcoin es hoy en día aproximadamente equivalente al de un país de tamaño mediano. Adquirir el suficiente hardware y electricidad para llevar a cabo este ataque sería extremadamente caro. Las estimaciones son de que te llevaría aproximadamente unos $700.000 por hora llevarlo a cabo y este coste continúa aumentando. Esta estimación tampoco tiene en cuenta la reacción de los mineros honestos ante tal ataque, que seguramente lo haría todavía más caro. Puedes explorar el coste de atacar la red de Bitcoin y otras criptomonedas en https://www.crypto51.app.

También es muy difícil salirte con la tuya con un ataque de doblegasto de estas proporciones sin dejar huellas detrás que pudiesen ser empleadas para averiguar quién eres. Después de todo, estarías quemando la energía de un país mediano y comprando millones de dólares en hardware, así como enviando millones de dólares a exchanges para llevar a cabo el ataque.

Pero asumamos que una entidad maliciosa con financiación ilimitada, por ejemplo un Gobierno, decidiese hacer esto y que fuese capaz de llevar este ataque más allá de una molestia. La red podría en teoría adaptarse a base de cambiar a otra función de Prueba de Trabajo (en vez de la sha256). Esto convertiría todo el hardware empleado por el atacante en algo completamente inútil, dado que está solo especializado para hacer hashing sha256. Sin embargo, cambiar la Prueba de Trabajo es una opción nuclear que automáticamente pondría fuera del negocio a todos los mineros honestos también. No obstante, la red sobreviviría y renacería de sus cenizas.

Además de la inverosimilitud del ataque, tener la mayoría del *hash rate* no te garantiza las dos cosas que más importan:

1. No puedes crear monedas de la nada que violen el programa de emisión. Esto viola la regla de la recompensa del bloque y tus bloques serían rechazados, incluso si tuvieses suficiente Prueba de Trabajo.
2. No te puedes gastar monedas que no sean tuyas. No serías capaz de proveer una firma digital válida, pues esto viola las reglas.

Los nodos que aceptan Bitcoin como pago mantendrían la red honesta aún en el caso de una mayoría de mineros, a base de simplemente promover las reglas de Bitcoin. Por tal motivo, un ataque del 51% es más una molestia que una preocupación de seguridad. Muy probablemente, el peor escenario es que un actor estatal con mucho dinero intente hacer de Bitcoin algo no usable. Sin embargo, un ataque así no puede sostenerse por tiempo indefinido. Cuando Bitcoin se recuperase de un ataque así, solo se probaría su resiliencia y se volvería un problema todavía mayor para aquellos que lo atacasen.

Aunque hasta el día de hoy no se ha llevado a cabo ningún ataque del 51% exitoso, el ataque sí se ha efectuado sobre otras blockchains que tienen *hash rates* más pequeños asegurándolas. En estos casos, los exchanges que fueron víctimas de ataques de doble gasto perdiendo dinero en criptomonedas con bajo *hash rate*, seguramente no deberían haber permitido su compraventa en primer lugar.

7

CUENTAS SIN IDENTIDAD

Hemos construido un libro de registros distribuido sin una autoridad central, un sistema de lotería de minería para seleccionar quién escribe las entradas en él, un sistema para recompensar a los mineros buenos y castigar a los malos, una manera de ajustar la dificultad para asegurar un programa de emisión consistente y reducir conflictos y un sistema para comprobar la validez de la cadena a base de mirar la Prueba de Trabajo acumulada y la historia de transacciones.

Ahora hablemos de la identidad. En un sistema bancario tradicional, envías dinero a base de identificarte con el banco. Presentas una identificación y un código PIN en el cajero, o tecleas un nombre de usuario y contraseña en una app. El banco se asegura de que no haya dos entidades distintas compartiendo la misma identidad.

Dado que ahora no tenemos una entidad central para seguir la pista a las identidades, ¿cómo podemos abrir cuentas en nuestro nuevo sistema financiero basado en Bitcoin? ¿Cómo podemos alcanzar el objetivo de Satoshi de eliminar la identidad de las transacciones financieras, para evitar el robo de identidad y el tener que confiar nuestros datos a entidades centralizadas?¿Cómo nos podemos asegurar de que cuando Alicia anuncia que quiere pagar a Bob, que es realmente ella y que tiene la autoridad para mover esos fondos?

Generando una "cuenta de Bitcoin"

No podemos confiar en un intermediario centralizado como un banco para mantener un registro de todas las cuentas. ¿Y si dejamos a cualquiera registrar su propio usuario y contraseña? Un banco validaría normalmente que un usuario no está en uso, pero eso no es posible aquí, dado que no tenemos un actor central gestionando las identidades. Necesitamos algo más grande, más fuerte y único que un usuario y contraseña. Esta técnica debería resultar familiar de capítulos anteriores. Necesitamos otra vez un número aleatorio gigantesco.

Igual que permitimos a cualquiera comprar billetes de lotería a base de generar gigantescos números aleatorios, vamos a emplear el mismo truco para generar cuentas. Para generar una "cuenta de Bitcoin", también conocida como *dirección*, primero generaremos un par de números de 256 bits que estén matemáticamente vinculados, conocidos como el par de claves público-privadas. Recuerda, un número de 256 bits es aproximadamente tan grande como el número de átomos en el universo, así que dos personas generen accidentalmente el mismo par de claves es prácticamente imposible. Daremos nuestra dirección a cualquiera que quiera enviarnos monedas. Usaremos la clave privada para gastar los bitcoins. Así es como funciona:

El cifrado es un método para tomar unos datos y ofuscarlos, de tal forma que solo alguien que tenga la clave pueda leer el mensaje original a base de descifrarlo. Cuándo éramos niños, algunos de nosotros jugábamos con juguetes básicos de cifrado/descifrado que usaban una clave para convertir un mensaje en algo ininteligible y de ello en algo legible nuevamente. Este tipo de cifrado se llama *simétrico*, pues usa una sola clave. El par de claves público-privadas es *asimétrico*, porque solo puedes cifrar con una clave y descifrar con la otra.

Eres muy bienvenido a compartir tu clave pública con el mundo. La gente que quiere enviarte mensajes puede cifrarlos con tu clave pública. Dado que solo tu tienes la clave privada, tú serás el único que podrá descifrarlos.

Veamos cómo Alicia envía bitcoins a Bob. Para recibir una transacción, Bob genera un par de claves, y mantiene su clave privada de forma secreta. Genera una dirección, un gran número basado en un hash de la clave pública. Bob entonces comparte esta dirección con Alicia.

Puedes pensar en la dirección como un buzón. En vez de letras, Alicia puede dejar bitcoins en su buzón. Pero solo Bob tiene la clave privada que permite abrir el buzón para gastar los bitcoins.

Cuando mueves dinero en un banco, le das tu usuario y contraseña. Cuando escribes cheques, firmas con tu nombre para autenticar que eres tú el que está escribiendo el cheque. Cuando mueves bitcoins, proporcionas una prueba de que eres propietario de la clave a la dirección que mantiene esos bitcoins.

Alicia necesita probar que ella tiene la clave privada a su buzón de clave pública pero no quiere exponer su clave privada a hackers, pues si no podrían gastarse los bitcoins almacenados en su buzón.

La prueba de propiedad de las claves se llama *firma digital*. Alicia construye una transacción, que es esencialmente un conjunto de datos que se parece a esto:

Dirección 12345 que contiene 2.5 bitcoins envía 2 bitcoins a la dirección 56789 y 0.5 bitcoins de vuelta a la dirección 12345

En realidad, los números de la dirección son números gigantes de 160 bits. Ella cifra entonces la misma transacción con la misma clave privada, creando así una *firma digital* (cifrar y encriptar significan lo mismo).

Cuando publica su transacción a otros nodos en la red, ella revela la clave pública del buzón desde el que envía y la firma cifrada de la clave privada. Alicia anuncia lo siguiente:

- Estoy enviando bitcoins desde la dirección 12345
- Aquí está la clave pública para la dirección 12345, y puedes ver que es de hecho la clave pública haciendo el hash de esa clave pública y obteniendo la dirección como resultado.
- Aquí está la firma que he cifrado con la clave privada correspondiente a esta dirección. Puedes usar la clave pública para descifrarla y verificar que es idéntica a los datos de la transacción que estoy enviando.

La transacción que mueve bitcoins se cifra usando la clave privada para crear una firma digital. Se descifra usando la clave pública, que todo el mundo conoce.

Dado que todos ahora tienen la clave pública de Alicia desde su buzón, pueden fácilmente descifrar la firma digital. Al ser capaces de descifrar correctamente la firma usando la clave pública para la dirección, todos sabrán que Alicia debe haber usado la clave privada sobre esa dirección para crear la firma. De otra forma, su descifrado habría fracasado dado que la clave pública solo puede descifrar mensajes cifrados con la clave privada. Pero importante, todo esto lo hacen sin tener acceso a su clave privada; lo que tienen es solamente una prueba de que ella pudo usarla para cifrar su firma.

Al contrario que en el caso de una firma en un cheque o tu contraseña de tu banco, tu firma digital es especial para los datos de la transacción que estés firmando. Por lo tanto no pueden ser robados y reutilizados en otra transacción diferente. Cada transacción obtiene una firma diferente, incluso si se envía desde la misma dirección pública, con la misma clave privada, dado que cualquier dato nuevo cambiaría el hash de la firma.

¿Puedes adivinar una clave privada?

Veamos las probabilidades de averiguar una clave privada, que nos daría la capacidad de mover bitcoins a la dirección pública correspondiente. Recuerda, una clave está compuesta por 256 bits. Cada bit tiene solo 2 valores (1 o cero). Esto significa que puedes visualizar cada bit como el lanzamiento de una moneda.

Si tenemos una clave privada de 1-bit, es como lanzar una sola moneda. ¿Cara o cruz, uno o cero? Tienes una de dos posibilidades de adivinarlo.

Pequeña revisión básica de estadística: la probabilidad de múltiples eventos ocurriendo se calcula multiplicando juntas cada probabilidad individual. Si el lanzamiento de una moneda tiene 1/2 probabilidades de ser cara, entonces las probabilidades de que salga dos veces cara son 1/2 x 1/2 = 1/4 o 1 de cada 4 veces.

Si tuvieses que adivinar el resultado del lanzamiento de 8 monedas seguidas eso sería 28, o una posibilidad entre 256.

Una matrícula de coche estadounidense tiene 6 letras y números. Hay 26 letras y 10 números, así que un total de 36 caracteres. Dado que hay 6 de ellos, el número de posibles matrículas es de 366, así que tus probabilidades de adivinar la mía son de una entre 2 mil millones.[1]

Una tarjeta de crédito tiene 16 dígitos. Cada uno puede tener 10 valores y hay 16 de ellos así que tus probabilidades de adivinar mi tarjeta de crédito son de una entre 1016, que es lo mismo que una entre 10,000,000,000,000,000 o aproximadamente 10.000 billones.

Hay unos 10^{50} átomos en la tierra. Si pienso en uno en concreto, tus probabilidades de acertar de cuál se trata son de una entre:

1,000,000,000,000,000,000,000,000,000,000,
000,000,000,000,000,000,000.

Una clave privada tiene 256 bits, que es 2^{256} o alrededor de 10^{77}.
Adivinar la clave privada sería similar a adivinar el átomo en el que
pueda estar pensando de entre todos los átomos del universo o ganar
la lotería de Euromillones casi 8 veces seguidas:

Una probabilidad entre 115,792,089,237,316,195,423,570,985,
008,687,907,853,269,984,665,640,564,
039,457,584,007,913,129,639,936

Pero ¿y si tuviese acceso a una computadora superpoderosa para adivinarlo? No podría explicarlo mejor que este post de Reddit en
https://bit.ly/2Dbw9Qd, que recomiendo leer en su totalidad. Aunque
es algo técnico, el párrafo final te da una idea de cuánto conllevaría
listar todas las claves de 256 bits:

> *"Así que, si pudieses usar el planeta entero como un disco duro, almacenar 1
> byte por átomo, usando las estrellas como combustible, y usando una
> bicicleta por 1 trillón de claves por segundo, necesitarías 37 octillones de
> planetas Tierra para almacenarlo, y 237 soles para alimentar al aparato
> capaz de hacerlo, lo cual te llevaría un total de 3.6717 octodecillón de años."*

— U/PSBLAKE EN R/BITCOIN

Básicamente, es imposible para ti adivinar la clave privada de alguien.
No solo eso, sino que el número de posibles direcciones de Bitcoin es
tan grande, que las mejores prácticas de Bitcoin animan a generar una
nueva dirección con una nueva clave privada para cada transacción
que hagas. Así que en vez de tener una cuenta bancaria, podrías tener
miles o incluso millones de ellas, una para cada transacción que hayas
recibido.

Puede resultar desconcertante que tu cuenta de Bitcoin esté asegurada exclusivamente por el azar, pero con suerte la explicación anterior te de una idea de que es mucho más segura que la contraseña de tu cuenta bancaria, almacenada en un servidor centralizado, disponible para hackers.

Haciendo un seguimiento de los saldos

Es el momento de corregir otra mentirijilla que he repetido en capítulos anteriores. No hay en realidad saldos que se mantengan en el libro de registros. En vez de eso, Bitcoin emplea un modelo llamado UTXO: (en inglés *Unspent Transaction Outputs*) que vendría a significar algo así como salidas de transacciones no gastadas. La salida de una transacción es simplemente la palabra que usamos para describir bitcoins que hayas recibido de una transacción anterior tanto si vinieron de alguien que te las envío como si las minaste y recibiste en una *transacción coinbase.*

Al contrario de las monedas metálicas norteamericanas que pueden venir en varias denominaciones como 10 centavos, 25 centavos y así sucesivamente, los bitcoins son divisibles en 100.000.000 de unidades llamadas satoshis. Por lo tanto, dependiendo de las denominaciones que hayas recibido a tus direcciones, podrías necesitar combinar bitcoins desde múltiples direcciones o dividir UTXOs grandes en otros más pequeños para enviárselos a alguien. Piensa en ello como en enviar un grupo de monedas a una máquina que las fundiese y acuñase nuevas monedas en la denominación que tú quisieses. Los monederos, discutidos más adelante en este capítulo, generalmente gestionan esto por ti sin que tengas que preocuparte, de tal forma que simplemente especifiques la cantidad que quieras enviar.

Digamos que Alicia tiene una dirección que contiene 1 bitcoin. Ella quiere enviar 0,3 bitcoins a Bob. Ella genera una transacción que muestra su dirección con el UTXO por 1 bitcoin como input y dos outputs: un nuevo UTXO que vale 0,3 a la dirección de Bob, y un nuevo UTXO que vale 0,7 de vuelta a su misma dirección como cambio. El cambio puede ser hacia su dirección original o, para mejor privacidad, puede enviarlo a una nueva dirección que genere en ese mismo momento.

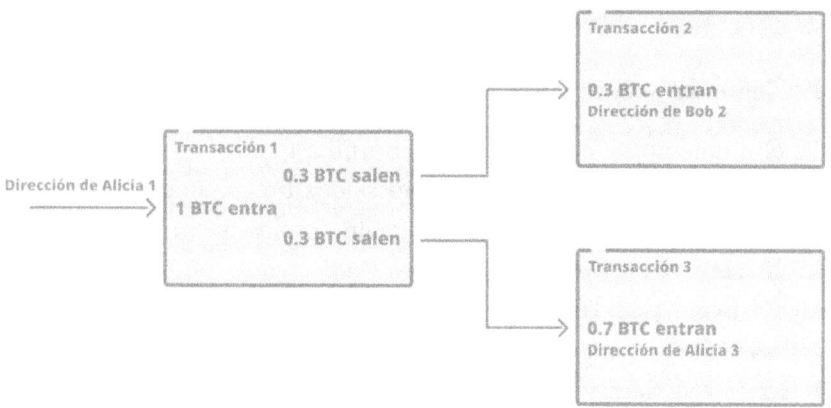

Si no tienes un UTXO con la cantidad exacta que quieras enviar, entonces tendrás que dividir una más grande para crear el cambio. Puedes también combinar múltiples UTXOs para crear uno más grande.

No hay manera en la cadena para averiguar quién controla qué dirección. Para eso tendrías que conocer las claves privadas correspondientes y vincularlas a identidades en el mundo real. El modelo de UTXO promueve un mecanismo de privacidad muy deseable, a base de enviar cambio a una nueva dirección cada vez que las monedas se mueven. Por lo tanto, una persona podría poseer cientos o miles de direcciones si envía o recibe bitcoins muchas veces. El software de un *wallet* (monedero) gestiona todo esto por nosotros, para que no tengamos que preocuparnos por los detalles.

De esta forma, para comprobar el saldo de una dirección en particular, tenemos que sumar todos los UTXOs que tengan esta dirección como output. El conjunto de UTXOs actuales crece cuando la gente envía de una dirección a muchas y se encoge cuando la gente efectúa transacciones de consolidación donde las monedas de muchas direcciones son gastadas en una sola dirección.

El modelo de UTXO permite una fácil y efectiva validación de gastos dobles, dado que cualquier UTXO en particular puede solo ser gastado una vez. No necesitamos conocer la historia completa de gastos desde una cuenta en particular.

Podemos también crear y destruir el número de UTXOs que queramos en cualquier momento de inmediato, creando complejas transacciones que mezclen diferentes inputs y outputs. Esto permite la idea de Coin-Join[2] donde múltiples partes participan en una sola transacción de Bitcoin que mezcla cualquier cantidad de inputs para producir un número indeterminado de outputs, ocultando así la historia de UTXOs. La popularidad de estas técnicas está aumentando y es importante para la privacidad y *fungibilidad*, que es un término que significa que cualquier bitcoin debe ser equivalente a cualquier otro. De esta manera, si varios bitcoins terminan en manos indeseables, no estarán "señalados" para la eternidad simplemente porque fueran usados para algo malo en alguna ocasión.

Wallets (monederos)

Generar una cuenta no es más que generar un par aleatorio de 256 bits. Podemos crear miles o millones de cuentas, así que necesitaremos una manera de hacerles un seguimiento. En Bitcoin, la palabra *wallet* ("monedero") se usa para referirse a cualquier tipo de dispositivo que haga un seguimiento de tus claves. Podría ser algo tan simple como un trozo de papel o algo tan complejo como un hardware.

El código de Bitcoin original publicado por Satoshi venía con un software que contiene un wallet. Este wallet podría generar tus direcciones para ti, almacenar tus claves y seleccionar UTXOs tuyos para gastar para que pudieses enviar bitcoins de cualquier denominación fácilmente.

Al contrario que el wallet de tu banco, que tiene la forma típica de una app de móvil o una aplicación web producida por tu banco, Bitcoin es un sistema completamente libre. Por ello hay docenas de wallets, la mayor parte de los cuales es gratis, muchos de los cuales son también de código abierto, así como media docena de implementaciones de wallets de hardware con otros tantos en camino. Cualquiera con conocimientos de programación puede construir su propio wallet o leer el código de uno de código abierto existente, para asegurarse de que no ocurre nada sospechoso.

Dado que tus claves privadas son la única cosa que necesitas para gastarte tus bitcoins, debes guardarlas con mucho cuidado. Si alguien roba tu tarjeta de crédito, puedes llamar a la compañía y poner una queja para tratar de que te devuelvan el dinero. En Bitcoin no hay tal intermediario. Si alguien tiene tus claves privadas, ese alguien controlará tus bitcoins, y no hay nadie a quien puedas llamar.

Las claves privadas además se pueden también perder. Si almacenas tu wallet en tu computadora y esta es robada o se quema en un incendio, tienes un problema. Si sigues las mejores prácticas de Bitcoin de generar una nueva dirección cada vez que recibas pagos, almacenar de forma segura y hacer backups de estas claves, se puede convertir en un proceso cansino.

Con el tiempo, el ecosistema de Bitcoin ha evolucionado para proveer una serie de soluciones para este problema. En 2012, se propuso la BIP32 (*Bitcoin Improvement Proposal*, un mecanismo para que la gente pudiese compartir ideas sobre cómo mejorar Bitcoin) para crear wallets jerárquicos deterministas o en inglés Hierarchical Deterministic Wallets. La idea detrás de esto es que usando un solo número aleatorio llamado *semilla*, podemos generar (y regenerar) pares de claves representando direcciones y claves privadas para ellas.

Hoy en día, si usas cualquiera de los wallets de software o hardware más comunes, te proveerán automáticamente de nuevas claves privadas para cada transacción, permitiéndote respaldar una única clave maestra.

En 2013, apareció BIP39 para hacer el respaldo todavía más fácil. En vez de usar un número aleatorio, las claves se generarían desde un conjunto aleatorio de palabras legibles. Este es un ejemplo de semilla:

witch collapse practice feed shame open despair creek road again ice least

Con este método, respaldar claves se volvió muy fácil: podrías escribir la semilla en un trozo de papel y ponerlo en una caja fuerte. Podrías memorizar la frase y salir de un régimen económico fallido como el de Venezuela con nada encima, sin que nadie supiese que llevas toda tu riqueza en tu cabeza.

Además, una dirección de Bitcoin puede requerir más de una clave privada para acceder a ella. Las direcciones multifirma (*multisignature* o *multisig*) pueden emplear una gran variedad de protocolos de seguridad. Por ejemplo dos personas pueden compartir una cuenta usando una multifirma 1-de-2, donde cada uno de los dos propietarios puede firmar transacciones y gastar bitcoins.

Una multifirma 2-de-2, que requiere que ambas partes provean claves para gastar, puede ser usada para prevenir que cualquier persona pueda tomar el control de una cuenta, por ejemplo entre socios de una empresa.

Puedes crear un sencillo sistema de depósito en garantía (en inglés *escrow*) usando una multifirma 2-de-3. El comprador obtiene una clave, el vendedor obtiene otra y una tercera clave es entregada a una especie de árbitro o fideicomiso. Si el comprador y el vendedor se ponen de acuerdo, pueden desbloquear los fondos juntos. En el caso de una disputa, el árbitro puede actuar de acuerdo con una de las partes para desbloquear los fondos.

Puedes usar también un protocolo multifirma 3-de-5 para protegerte de pérdida de claves permitiéndote perder hasta 2 de las 5 claves y seguir aún así siendo capaz de desbloquear la cuenta. Puedes almacenar dos de las claves en lugares diferentes, dos con amigos de confianza diferentes, y otra con un servicio especializado de custodia como BitGo que co-firma tus transacciones, haciendo a tus bitcoins muy difíciles de robar a la vez que te protege de la pérdida de tus claves.

Puedes ir más allá y crear direcciones que sean desbloqueadas con condiciones complejas usando programación como estructuras condicionales (IFTTT, "si ocurre esto, haz aquello"). Podrías incluso bloquear bitcoins en una dirección que solo sea accesible en 10 años y que ni siquiera tú como creador de esta dirección puedas cambiar de opinión y alterar el código para gastar esos bitcoins antes de tiempo.

Más y más soluciones de semi-custodia están surgiendo como las de Casa y Unchained Capital, que te ayudan a almacenar tus claves de manera segura. Al contrario de un banco que puede congelar tus cuentas, estas soluciones parciales de custodia actúan como backup o co-firmante de confianza, pero no pueden por sí solos tomar tus fondos sin tus claves. El software de los wallets está evolucionando constantemente pero no requiere el permiso de nadie para hacerlo, al contrario del caso de la app de tu banco. Por lo tanto estamos viendo nuevos competidores y más innovación constantemente.

Esto va a cambiar el mundo de una manera profunda. Nunca antes ha sido posible trasladar tu riqueza de una manera completamente segura de confiscación o robo.

---

1. La inspiración para esta sección vino de un excelente post de Medium que detalla las probabilidades de una variedad de eventos. Recomiendo su lectura completa para mayor contexto: https://medium.com/@kerbleski/a-dance-with-infinity-980bd8e9a781

2. https://en.bitcoin.it/wiki/CoinJoin

8

¿QUIÉN HACE LAS REGLAS?

Ahora tenemos un sistema funcional distribuido tanto para hacer el seguimiento como para transferir valor. Vamos a revisar lo que hemos construido hasta ahora:

1. Un libro de registro distribuido, cuyas copias son mantenidas por cada participante.
2. Un sistema de lotería basado en la Prueba de Trabajo con ajustes de dificultad para mantener la red segura de manipulaciones y para mantener el programa de emisión consistente.
3. Un sistema de consenso que asegura que cada participante puede validar la historia completa de la *blockchain* para sí mismo usando un software de código abierto llamado cliente de Bitcoin.
4. Un sistema de identidad que usa firmas digitales que permiten la creación arbitraria de cuentas parecidas a buzones que pueden recibir bitcoins sin la participación de una autoridad central.

Ahora es momento de hacer frente a uno de los más interesantes y contraintuitivos asuntos sobre Bitcoin. ¿De dónde salen las reglas, cómo se hacen cumplir y cómo pueden cambiar con el tiempo?

El software de Bitcoin

A través de los capítulos anteriores, hemos asumido que todo el mundo en la red está validando las mismas reglas: rechazan los gastos dobles, se aseguran de que cada bloque contiene la cantidad adecuada de Prueba de Trabajo, que cada bloque apunta al bloque anterior desde el final de la blockchain actual y que cada transacción en cada bloque está correctamente firmada por el propietario de esa dirección, entre una gran cantidad de otras cosas en las que los participantes se han puesto de acuerdo a lo largo del tiempo.

También hemos dicho que Bitcoin es un software de código abierto. Código abierto significa que cualquiera puede leer el código, y también que cualquiera puede modificar su propia copia con el código que quiera. ¿cómo se hacen por lo tanto los cambios en Bitcoin?

Bitcoin es un *protocolo*. En el mundo del software, este término se refiere al grupo de reglas que sigue ese software. Sin embargo, mientras sigas las reglas que sigue todo el mundo, eres libre de modificar tu software como quieras. Cuando decimos que la gente "ejecuta nodos de Bitcoin" lo que en realidad queremos decir es que ejecutamos software que "habla" el protocolo de Bitcoin. Este software puede comunicarse con otros nodos de Bitcoin, transmitir transacciones y bloques a ellos, descubrir otros nodos con los que emparejarse y así sucesivamente.

Los detalles reales de como se implementa el protocolo de Bitcoin son de libre elección para cualquier individuo. Hay muchas implementaciones del código de Bitcoin. La más popular es la de Bitcoin Core, que es la continuación del trabajo publicado por primera vez por Satoshi Nakamoto.

Hay otras implementaciones también, escritas en otros lenguajes de programación y mantenidas por otras personas. Dado que el consenso en Bitcoin es crítico, significando que todos los nodos deben estar de acuerdo en qué bloques son o no son válidos, la gran mayoría de nodos ejecutan el mismo software de Bitcoin Core para evitar cualquier bug o error en los programas, que pueda causar que los nodos estén en desacuerdo sobre lo que es válido y lo que no. De hecho, no hay una especificación completa y detallada del protocolo de Bitcoin, así que la mejor apuesta para implementar un nuevo cliente de software de Bitcoin es la de leer el código original y asegurarte de que no te desvías de lo que hace, incluso si existen bugs o errores en él.

¿Quién hace las reglas?

Las reglas que constituyen Bitcoin están escritas en el código del cliente de Bitcoin Core. ¿Pero quién las decide? ¿Por qué decimos que Bitcoin es escaso si alguien puede llegar y hacer una modificación al software que cambie el límite de los 21 millones a 42 millones?

Siendo un sistema distribuido, todos los nodos deben estar de acuerdo en las reglas. Si eres un minero y decides cambiar tu software para darte el doble de recompensa de lo que está permitido en la configuración actual de la recompensa del bloque, entonces cuando mines tu bloque, todos los demás bloques en la red rechazarán el que tú generes. Hacer un cambio a las reglas es extremadamente difícil porque hay miles de nodos distribuidos por todo el mundo, cada uno haciendo cumplir las reglas de Bitcoin.

El modelo de gobernanza de Bitcoin es contraintuitivo, especialmente para aquellos de nosotros viviendo en una democracia occidental. Estamos acostumbrados a gobernar democráticamente --la mayoría de gente puede decidir hacer algo, aprobar una ley e imponer su voluntad sobre la minoría--. Pero el sistema de gobernanza de Bitcoin es un sistema mucho más cercano a la anarquía que a la democracia.

Cada persona que acepta pagos en Bitcoin decide por sí mismo lo que considera que es Bitcoin. Si alguien ejecuta software que dice que hay 2 millones de bitcoins e intentas enviarles bitcoins producidos por tu software "rebelde" que desafía este límite, tus bitcoins parecerán como falsificaciones para ellos y serán rechazados.

Echemos un vistazo a los actores en el mundo de Bitcoin que efectúan el control los unos sobre los otros.

Nodos: cada participante en la red de Bitcoin ejecuta un nodo. Ellos escogen qué software ejecutar en su nodo. La mayor parte de la gente ejecuta Bitcoin Core, la principal implementación del protocolo de Bitcoin que fue empezada por Satoshi y que es ahora desarrollada por cientos de desarrolladores independientes y compañías alrededor del mundo. Si esta implementación del software se volviese maliciosa e intentase introducir algo como inflación, entonces nadie la ejecutaría. Ejemplos de nodos incluyen aquellos ejecutados por cualquiera que acepte Bitcoin: comerciantes, plataformas de intercambio, proveedores de wallets y gente del día a día usando Bitcoin para cualquier propósito que quieran.

Mineros: algunos nodos además minan, acuñando bitcoins, escribiendo entradas en el libro de registro y haciendo muy caro para alguien manipularlo. Si los mineros son los únicos que escriben en el libro de registro, podría ser tentador para ellos pensar en hacer nuevas reglas, pero no es así. Ellos simplemente siguen las reglas establecidas por los nodos que aceptan bitcoins. Si los mineros empezasen a producir bloques que contienen una recompensa extra, sus bloques no serán aceptados por otros nodos haciendo por lo tanto a esos bitcoins extra inútiles. Por ello, cada usuario ejecutando un nodo está participando en un proceso de gobernanza anárquico --están escogiendo qué reglas deben seguir las monedas que ellos consideran Bitcoin, y cualquier violación de estas se rechaza de inmediato.

Usuarios/inversores: los usuarios son la gente que compra y vende bitcoins y que ejecuta nodos. Algunos usuarios hoy en día no ejecutan sus propios nodos, pero confían en un nodo alojado por su proveedor de wallet, donde el proveedor actúa como una suerte de proxy para los deseos del usuario. Los usuarios deciden el valor de los bitcoins en el mercado abierto mediante la oferta y la demanda. Incluso si los mineros y plataformas de intercambio fuesen a ponerse de acuerdo e introducir algún tipo de cambio radical como la inflación, los usuarios con mucha seguridad venderían apresuradamente las monedas que siguiesen esas reglas inflacionarias, conduciendo su precio al abismo y dejando a esas empresas involucradas fuera del mercado. Una minoría intolerante de usuarios podría mantener su propia versión de Bitcoin viva que aún siguiese las reglas originales.

Desarrolladores: el software de Bitcoin Core es el más popular proyecto de cliente de Bitcoin. Ha atraído a un rico ecosistema de cientos de los mejores desarrolladores y compañías del mundo criptográfico. El proyecto Core es muy conservador dado que el software alimenta a una red que ahora tiene un valor de más de 100.000 millones de dólares. Cada idea para un cambio debe pasar por un proceso llamado Bitcoin Improvement Proposal y cualquier cambio en el código es cuidadosamente revisado por otros colaboradores. El proceso para las propuestas y su revisión se hace completamente en abierto. Cualquiera puede unirse, comentar y enviar código. Si los desarrolladores se vuelven maliciosos e introducen algo que nadie quiera ejecutar, entonces los usuarios podrían sencillamente ejecutar un software diferente. [1]Quizás ellos querrían permanecer en versiones anteriores o empezar a desarrollar algo nuevo. Debido a esto, los desarrolladores de Core deben hacer los cambios que los usuarios quieran generalmente, o se arriesgan a perder su estatus como implementación de referencia si nadie quiere ejecutarla.

Bifurcaciones que cambian las reglas

Con suerte ahora te haces una buena idea de cómo el software de Bitcoin hace cumplir las reglas que la gente ha acordado, y cómo la gente puede decidir qué software ejecutar para hacer cumplir las reglas en las que crean.

Los mineros deciden las reglas que seguirán cuando produzcan los bloques, pero deben minar el tipo de bloques que quieran los usuarios o se arriesgan a que sus bloques no sean aceptados perdiendo así su recompensa.

También sabemos que el software de Bitcoin aceptará la Prueba de Trabajo acumulada más grande como la cadena verdadera y que las bifurcaciones (en inglés, *forks*) ocurren a veces de forma natural gracias a la probabilidad de que dos bloques se generen simultáneamente.

Debido a la vasta diversidad de participantes en la red, las reglas de Bitcoin están cerca de haberse grabado en piedra desde el principio. Las únicas actualizaciones que se han hecho a Bitcoin desde entonces se han hecho de manera retrocompatible, es decir, preservando las reglas de consenso principales para aquellos nodos que no se hubiesen actualizado.

Ahora hablemos de cómo las reglas pueden cambiar. Un *fork* intencionado se produce cuando varios usuarios y/o mineros deciden que no están de acuerdo con las actuales reglas de Bitcoin y que necesitan cambiar las reglas. Hay dos tipo de forks para cambiar las reglas: *soft forks*, o forks suaves que son retrocompatibles, y los *hard forks* o forks duros, que no lo son. Echemos un vistazo a como ocurren estos en teoría y luego miraremos ejemplos históricos.[2]

Un *soft fork* es un cambio retrocompatible en las reglas de consenso que las hace más rígidas. Esto significa que si ejecutas un nodo antiguo que no se haya actualizado a las reglas nuevas, tu nodo seguirá viendo los bloques producidos bajo las nuevas reglas como válidos. Miremos un ejemplo para ver esto de forma más clara.

El 12 de Septiembre de 2010, una nueva regla se introdujo en el software: los bloques deben ser de como máximo 1MB de tamaño. Esta regla fue introducida para mitigar el spam en la blockchain. Antes de esta regla, todos los bloques de cualquier tamaño eran válidos. Con la nueva regla, solo bloques más pequeños lo eran, así que las reglas se "encogieron" o lo que es lo mismo, eran más rígidas. Si estuvieses ejecutando un nodo antiguo aunque no lo actualizases los bloques más pequeños todavía serían válidos bajo tus reglas, así que no estarías afectado.

Un *soft fork* es una manera no disruptiva de actualizar el sistema porque permite a los operadores de los nodos actualizarse al nuevo software despacio en el tiempo, de manera voluntaria. Si no se actualizan, pueden todavía procesar todos los bloques que vayan llegando como habían hecho hasta entonces. solo los mineros que producen los bloques tienen que actualizar para producir bloques con las nuevas reglas. Una vez que los mineros se actualizasen al soft fork de 1MB, todos los bloques desde entonces en adelante serían de un máximo de 1MB. Los usuarios ejecutando versiones antiguas del software no se habrían enterado.

En el caso de un *hard fork*, se introduce un cambio que no es retrocompatible. Un hard fork es una expansión de las reglas en las que bloques que no eran originalmente válidos pasan a serlo. Los viejos nodos que no se actualicen no serán capaces de procesar los nuevos bloques bajo las nuevas reglas porque serán considerados inválidos. Por ello se quedarán *rezagados* en la cadena antigua a menos que actualicen su software a las nuevas reglas.

Los hard forks que tienen un acuerdo cuasi unánime de todos los nodos en la red no causarían problemas. Cada nodo se actualizaría inmediatamente a las nuevas reglas. Si algunos rezagados se quedasen atrás, no obtendrían ningún bloque nuevo y en teoría, se darían cuenta de que su software dejó de funcionar y serían por tanto forzados a actualizar para seguir haciéndolo.

En la práctica, los hard forks nunca ocurren tan suavemente. En un sistema verdaderamente anárquico y descentralizado, no puedes coaccionar a todo el mundo para cambiar a las nuevas reglas y menos al mismo tiempo. En agosto de 2017, alguna gente no estaba contenta con cómo estaba avanzando la cadena en lo referente al coste de las transacciones. Decidieron hacer un fork para crear una cadena con bloques más grandes. Bitcoin tenía una regla que no permitía bloques superiores a 1MB, debido al soft fork de 2010 que hemos mencionado anteriormente. Alguna gente quería crear una nueva cadena con bloques más grandes. Este fork se conoce como Bitcoin Cash.

Un hard fork sin consenso como Bitcoin Cash, que no es seguido por todos los mineros y nodos, crea una nueva blockchain. Esta cadena comparte historia con la cadena original incluyendo el conjunto de UTXOs existente (saldos de cuentas) hasta el momento del fork. Sin embargo desde el momento de la bifurcación en adelante, las monedas creadas por el fork ya no son Bitcoin dado que no serán aceptadas por los nodos en la red de Bitcoin.

El asunto de qué es o no es Bitcoin fue muy debatido durante el año siguiente al fork de Bitcoin Cash. Había alguna gente en el lado de Bitcoin Cash que pensaban que Bitcoin debería ser definido por lo que está escrito en el diseño original del white paper que Satoshi publicó hace 10 años. Escogieron expresamente palabras específicas del white paper de Bitcoin para argumentarlo. Pero los sistemas basados en consenso no funcionan a base de apelar a la autoridad. Funcionan por las acciones colectivas de muchos individuos incluyendo escoger qué software ejecutar y qué moneda comprar o vender en el mercado libre.

En el caso de este fork, la gente ejecutando la mayor parte de los nodos --es decir, wallets, plataformas de intercambio, comerciantes y otros-- no quisieron cambiar su software por algo apoyado por un equipo de desarrollo mucho más pequeño y menos experimentado, con un muy inferior *hash rate* asegurándolo. Tampoco la gente sentía que una actualización justificase una disrupción de esta magnitud en el ecosistema. El problema con los hard forks es que solo tienen éxito cuando todo el mundo se cambia. Si hay rezagados, se crearán dos monedas. Por lo tanto Bitcoin siguió siendo Bitcoin, y Bitcoin Cash se convirtió en una criptomoneda diferente. Dado que todos los que tenían Bitcoin antes del fork obtuvieron Bitcoin Cash gratis, mucha gente vendió esta última, lo cual terminó conduciendo su precio todavía más abajo.

Hoy existen docenas de otros forks de Bitcoin, tal y como Bitcoin SV (en sí mismo un fork de Bitcoin Cash), Bitcoin Gold, Bitcoin Diamond y Bitcoin Private. Todos ellos tienen muy poco *hash rate* asegurándolas, muy poca actividad de desarrollo y una casi inexistente actividad on-chain y liquidez de intercambio. Su falta de liquidez las hace objetivo principal de eventos *pump and dump* (manipular acciones fraudulentas inflando artificialmente su precio para deshacerse de ellas antes de que se hundan) a menudo conllevando ascensos meteóricos del precio con igualmente espectaculares caídas en el mismo. Muchos han sido objetivo de hackers de wallets, ataques del 51% y otros desastres. Algunos son directamente timos de primera categoría o sencillamente una diana para ludópatas. Muchos tienen un alto grado de centralización en algún aspecto de su diseño. La web forkdrop.io en la actualidad hace el seguimiento de 74 criptomonedas que aspiran sin éxito a ser Bitcoin.

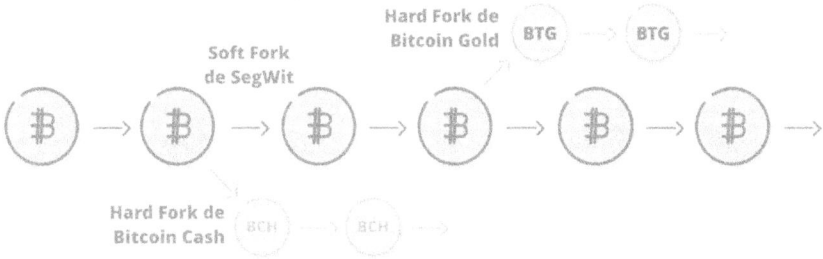

Las monedas de un soft fork pueden ser enviados a nodos más antiguos. Un hard fork produce nuevos UTXOs no retrocompatibles, es decir, que no serán aceptados por los nodos antiguos.

Muchas otras criptomonedas usan un código similar pero empezaron sus libros de registro desde el principio sin heredar el conjunto de UTXOs de Bitcoin, tales como Litecoin o Dogecoin. No se consideran típicamente forks de Bitcoin aunque compartan buena parte del código pues no cuentan con la historia de saldos de cuentas original.

Un fork de Bitcoin no afecta a la oferta de 21 millones de Bitcoin. Imagínate que tengas todo el oro del mundo almacenado en una especie de Fort Knox ultraseguro rodeado de guardia fuertemente armada. Luego construyes una pequeña cabaña y la llamas Fort Knox Lite, asegurándola con un solo guardia. Pintas algunas rocas de color dorado y las pones en la cabaña. Y de repente anuncias al mundo que has conseguido "copiar el oro" y emites a cada propietario de oro una cantidad equivalente de rocas gratis dentro de tu cabaña.

Necesitamos muchos mineros guardando Bitcoin, haciendo caro un ataque del 51%. Un fork de Bitcoin solo tiene unos pocos mineros y tal y como tu cabaña, es fácil de atacar. El código es probablemente poco sólido en lo que a su estructura se refiere, construido por un equipo de desarrolladores pequeño y poco experimentado con pocas revisiones de colaboradores, tal y como ocurre con tu cabaña. Las monedas de los forks no son aceptadas por ninguno de los nodos existentes porque rompen las reglas de Bitcoin. De la misma forma, la gente capaz de reconocer el oro no aceptaría de forma alguna piedras pintadas de color dorado. El coste de fabricar las monedas de forks y las rocas es cero dado que las das gratis a cada propietario. Esto limita el interés del mercado por los forks de Bitcoin.

Mientras consideras los miles de clones de Bitcoin que se han creado, ninguno con un valor de mercado significativo, plantéate la siguiente paradoja: crear forks de Bitcoin es gratis y fácil. Sin embargo, cambiar las reglas de Bitcoin o crear nuevos bitcoins es cualquier cosa menos fácil. La próxima vez que escuches a alguien con limitada comprensión de Bitcoin preguntarse por qué Bitcoin es especial, contéstale con esta respuesta.

La naturaleza descentralizada del ecosistema de Bitcoin crea una fuerte preferencia por mantener el status quo. A los grandes cambios les lleva meses o años para construir el consenso, discusiones, revisiones para la implementación, etc. Esto es bueno, y algo que debería ser deseable en un sistema que aspira a ser un dinero global. Bitcoin es un equilibrio delicado entre miles de participantes que actúan de manera egoísta, con frecuencia con necesidades que compiten entre sí.

Es un auténtico sistema de libre mercado anarquista sin nadie en particular al mando.

---

1. Lee más sobre como funciona el proceso de desarrollo de Bitcoin Core y cómo se gestiona en *Who Controls Bitcoin Core?* de Jameson Lopp: https://medium.com/@lopp/who-controls-bitcoin-core-c55c0af91b8a
2. En este enlace se puede ver una historia completa de los forks que han cambiado las reglas: https://blog.bitmex.com/bitcoins-consensus-forks/

9

¿QUÉ ES LO SIGUIENTE?

¿Es Bitcoin el MySpace del mundo "crypto"?

¿Por qué he escrito un libro sobre Bitcoin cuando podría haber escrito uno sobre el ecosistema *crypto* en general? ¿No existen miles de otras monedas? ¿Qué hace a Bitcoin tan especial, además de ser la primera criptomoneda descentralizada? ¿No es más lenta y con menos funcionalidades que otros competidores más modernos?

Esto son preguntas frecuentes de gente recién llegada a Bitcoin. Después de comprender lo básico de cómo funciona Bitcoin, la próxima pregunta lógica tiende a ser: "La tecnología blockchain parece interesante. ¿Cómo podemos saber que no va a crearse una versión mejor y convertir Bitcoin en el MySpace del mundo crypto?"

Un foso es una ventaja competitiva que un negocio consigue construir para evitar que nuevos entrantes compitan fácilmente. Para MySpace ese foso era una base de usuarios gigante con relaciones entre amigos. La gente no usaría servicios competidores si sus amigos permanecían en MySpace. Pero esto no fue suficiente para parar a Facebook de comerse a MySpace en el espacio de unos pocos años.

El foso de Bitcoin es mucho, mucho más grande que el de MySpace.

Para comprenderlo, examinemos lo que necesitaría un competidor de Bitcoin para desplazar a Bitcoin.

Ser un dinero más vendible y líquido

La primera cosa que comprender es que la comparación entre MySpace vs Facebook es pobre porque puedes tener una cuenta en ambas redes sociales al mismo tiempo sin coste alguno. Esto es en realidad lo que mucha gente hizo durante la fase de transición de uno a otro. Una vez que una masa suficiente de gente estaba en Facebook, la gente dejó de usar MySpace.

Sin embargo, no es así como funciona el dinero. Si tienes un dólar en bitcoin, ese es un dólar en otra moneda que no tienes para ti. Tienes que hacer una decisión consciente para vender una moneda por otra. No puedes mantener el mismo valor en ambas al mismo tiempo. Ahora pregúntate: ¿por qué querrías mantener valor en algo si ese algo no es el más líquido y más aceptado dinero posible? La respuesta es solo la pura especulación. Si no puedes cambiar la economía entera a tu alrededor para que mantenga la misma moneda que tú, no hay manera de que esta se vuelva dominante.

La liquidez de Bitcoin está órdenes de magnitud por encima de la de sus competidores. En el día de hoy, el valor de mercado total de Bitcoin es de alrededor de $200 mil millones según https://messari.io/onchainfx. El más inmediato competidor, Ethereum, vale "solo" $30 mil millones. Esto ni siquiera mide la liquidez real que podríamos estimar observando cuánto podrías vender sin que el precio se hunda significativamente.

La liquidez es una bola de nieve. Mantener el dinero más líquido significa que otra gente lo quiere y esto aumenta la liquidez al mismo tiempo. A base de mantener algo que no sea el dinero más líquido, estás automáticamente castigándote a ti mismo mientras que esperas a que todos los demás hagan lo mismo. Los incentivos económicos no se alinean en favor de que la liquidez cambie a otro competidor de un día para otro.

Demostrar seguridad en un sistema de más de $100 mil millones durante más de 10 años.

Por la concurrencia de diversas circunstancias, Bitcoin pudo crecer desde un experimento friki sin valor alguno que no le importaba a nadie, pasando por financiar la compra de una pizza por 10.000 bitcoins, a valer en su momento álgido un total de casi $20.000 por cada bitcoin. Hizo todo esto de una manera relativamente rápida, sin que nadie lo empujase. Durante este tiempo, ha construido un sistema inmunológico de primera categoría que ha soportado todo tipo de ataques durante años creando la red de cálculo de hashes más grande del mundo. Durante 10 años, y asegurando más de $100 mil millones, ha sido imposible hackearla.

Es casi imposible lanzar hoy en día una criptomoneda sin que nadie se entere. El conejo está fuera de la chistera y se conocen ya todos los trucos. Miremos a una blockchain alternativa, llamada EOS, que en el momento de su lanzamiento alcanzó los $10 mil millones de valoración y que hoy vale aproximadamente la mitad. Experimentó una parada en el funcionamiento dos días después del lanzamiento por errores en el código. Estos errores se corrigieron en horas sin apenas supervisión o revisión.¿Vas a poner $100 mil millones de valor en una red como esa? Quizás EOS siga viva en 10 años pero, para aquel entonces, Bitcoin tendrá 20 años y estará asegurando billones en valor.

Frustrar ataques con el cálculo de hashes existente

Dados los miles de monedas por ahí usando docenas de algoritmos de cálculo de hashes, todas ellas están bajo la amenaza de ataques del 51% con la capacidad de cálculo actual. Esto ya le ha pasado a Bitcoin Gold y a otras tantas monedas.

Un nuevo competidor tiene que sobrevivir a ataques procedentes de la capacidad actual de cálculo de hashes o usar un algoritmo que no tenga ASICs especializados. Si no hay ASICs, entonces el sistema puede ser fácilmente atacado a base de alquilar GPUs que están disponibles en grandes cantidades. No podrías asegurar una gran cantidad de valor como EOS hizo en su primer día, pues es insensato y una terrible manera de arreglar errores de manera centralizada. Si quieres ser descentralizado, no puedes levantar financiación tampoco, por lo que lo ideal sería hacer un lanzamiento similar al de Bitcoin en la sombra y crecer despacio en valor de forma orgánica para que puedas construir tu seguridad de manera proporcional. Sin embargo, si tienes que crecer despacio, no puedes ponerte al día con la cantidad de usuarios que tenga Bitcoin ni con su liquidez con el paso del tiempo.

Ser altamente descentralizado

Una gran parte del modelo de seguridad de Bitcoin viene de su alto nivel de descentralización. Esto significa que el protocolo es muy difícil de cambiar y por lo tanto se puede confiar en que hará honor a las propiedades prometidas en su código (oferta limitada, etc.). Esta propiedad fue puesta a prueba cuando una gran cantidad de empresas y mineros se pusieron de acuerdo en aumentar el tamaño del bloque para dirigir el protocolo en una dirección en particular[1]. Su fork fue rechazado por los usuarios y falló estrepitosamente.

Un competidor muy descentralizado básicamente descarta a compañías o equipos con financiación por gente conocida, ya que esto crea un punto vulnerable central donde se pueda ejercer la coacción. También descarta a cualquier moneda en la que se pretenda "moverse rápido y romper cosas", dado que solo puedes hacerlo cuando eres centralizado. Cualquier competidor que exista puede, o bien moverse rápido y estar centralizado, o moverse despacio y nunca poder alcanzar a Bitcoin.

Atraer a los mejores desarrolladores del mundo

Al igual que Linux creó un huracán de actividad que evitó otros sistemas competidores tipo *nix, lo mismo ha conseguido Bitcoin.

Cada día, esta comunidad crece y nuevas compañías nacen alrededor de Bitcoin, ofreciendo nuevos servicios. Un competidor tiene que robar espacio mental de los desarrolladores desde un núcleo que crece exponencialmente incluyendo docenas de compañías, programas educativos y conferencias.

Haz crecer una red financiera mundial

Cientos de plataformas de compraventa por todo el mundo, plataformas de futuros CME y CBOE, cientos de hedge funds y trading desks y una red de gente que ya usa Bitcoin como una alternativa a dinero fallido como el bolívar venezolano. Todas estas cosas tendrían que ser construidas por un competidor para desplazar a Bitcoin.

Instituciones como CME y CBOE no van a listar a cada competidor que aparezca sin toneladas de volumen de negociación detrás. Tendrías que convencer a cientos de negocios para aceptar a este nuevo competidor en vez de a Bitcoin, competidor que es probablemente menos seguro, menos líquido, con desarrolladores menos competentes y por definición con una menor adopción internacional. Esa se me antoja como una montaña que superar con una pendiente muy pronunciada.

Ser un mejor dinero

Hay un gran malentendido de que Bitcoin se supone que tiene que ser una manera más rápida y barata de enviar dinero. Claramente no puede serlo basándose en sus propiedades fundamentales como contar con un libro de registros distribuido por todo el mundo. Sin embargo, el caso de uso primordial como dinero sólido resistente a la censura está creciendo en aceptación.

Cualquier otro caso de uso, como el enviar remesas más baratas es básicamente como la guinda del pastel. Muchas criptomonedas deseosas de hacerle la competencia a Bitcoin siguen pensando que tienen que resolver el caso de uso de la velocidad de pago, que es algo que ya está resuelto y muy bien resuelto desde hace tiempo por docenas de empresas centralizadas en todo el mundo. Y también está siendo resuelto por la creciente red de canales de pago (Lightning Network) como capa superpuesta a Bitcoin.

Competir en el frente del dinero sólido (o *sound money*) requiere sobre todo un compromiso con la descentralización y propiedades que son verdaderamente difíciles de cambiar y atacar. Desafortunadamente las monedas no pueden competir en este frente por el hecho de estar típicamente construidas por equipos centralizados con afán de lucro, y no por un feliz accidente como consecuencia de un ecosistema lentamente creciente construido por cypherpunks.

Futuros desarrollos en Bitcoin

En este punto, ya hemos explicado todo el proceso para inventar el protocolo. Ahora miremos al futuro y cubramos algunas de las próximas mejoras que van a llegar a Bitcoin.

Bitcoin es un dinero programable sobre el cual se pueden construir muchos otros servicios. Este es un concepto completamente nuevo y solo estamos empezando a vislumbrar sus posibilidades.

Lightning Network

Bitcoin ha tenido problemas con las altas comisiones a medida que se fue demandando cada vez más espacio en los bloques. Hoy en día Bitcoin es solo capaz de procesar de 3 a 7 transacciones por segundo basándose en el número de transacciones que caben en un bloque; recuerda, sin embargo, que cada transacción puede en realidad ser un pago a cientos de personas a base de agruparlas (batching). A pesar de esto, no es una capacidad suficiente como para convertirse en una red de pagos global.

Una solución ingenua sería elevar el tamaño del bloque y en realidad varias criptomonedas competidoras incluyendo Bitcoin Cash han intentado esta solución. Bitcoin no va por ahí porque esto impactaría negativamente sus características descentralizadoras como son el número de nodos y su dispersión geográfica. Incluso si un tamaño superior del bloque fuese posible debido a mejoras en el hardware, también está el problema de que la naturaleza descentralizada de Bitcoin significa que un hard fork que intente cambiar el tamaño del bloque causaría un enorme trauma y probablemente una nueva bifurcación en una cadena diferente.

Un aumento en el tamaño del bloque tampoco resolvería el problema de hacer a Bitcoin una red de pagos internacional viable --simplemente no podría escalar lo suficiente--. De ahí el protocolo Lightning Network: otro protocolo y conjunto de implementaciones de software que crean transacciones de Bitcoin fuera de la blockchain, que se asientan periódicamente en la blockchain. La red Lightning podría ser motivo de otro libro completo, por lo que lo discutiremos brevemente.

La idea de Lightning es que no todas las transacciones necesitan ser grabadas en la blockchain. Por ejemplo, si tú y yo estamos en un bar comprando cervezas, podemos abrir una cuenta con el bar y liquidarla al finalizar la noche. No tiene mucho sentido cargar la tarjeta de crédito para cada bebida que vayamos comprando. Lo habitual es que te cobren al final, al igual que en un restaurante pides la cuenta al terminar todos los pedidos de comida, bebida y postre. Con Bitcoin usando la energía equivalente a la de un país entero para confirmar la compra de un café o una cerveza y tener esta compra registrada hasta el final de los días en miles de ordenadores por todo el mundo no sería escalable ni bueno para la privacidad, ni útil para nadie.

La Lightning Network, si termina teniendo éxito, mejorará muchos de los inconvenientes de Bitcoin:

- Capacidad de proceso de una cantidad de pagos virtualmente ilimitada. Cientos de miles de micro transacciones podrían ser procesadas y registradas en la blockchain de Bitcoin como una liquidación final.

- Confirmaciones instantáneas: no necesitas esperar a que los bloques sean minados.
- Transacciones con comisiones por debajo de un céntimo, ideales para micropagos como el de poder pagar un artículo, ver un vídeo, etc...
- Mayor privacidad. Solo las partes participando en la transacción necesitan saber algo sobre esta, al contrario de lo que ocurre en las transacciones en la blockchain que son retransmitidas a todo el mundo.

Lightning usa el concepto de *canales de pago*, que son transacciones de Bitcoin reales que bloquean una cantidad determinada de bitcoins y que las hacen disponibles en la red Lightning para transferencias instantáneas cuasi-gratis. La red Lightning está dando todavía sus primeros pasos pero ya da muestras muy prometedoras. Puedes ver un site que acepta micro pagos de Lightning para leer artículos en https://yalls.org/.

Bitcoin en el espacio

Bitcoin hace un excelente trabajo en ser resistente a la censura así como a la confiscación (puedes llevarlos memorizados en tu cabeza) y resistente a la transferencia, dado que solo requiere un minero honesto en la red para ejecutar las transacciones (y puedes minar tu mismo).

Sin embargo, dado que Bitcoin se transmite a través de Internet, es susceptible a la censura a nivel de la red. Regímenes autoritarios que quieran acabar con la actividad podrían intentar bloquear el tráfico de Bitcoin que entre o salga de su país.

El satélite de Blockstream es el primer esfuerzo para enrutar transacciones alrededor de potenciales censuras de la red a nivel estatal, así como para alcanzar áreas remotas que puedan no tener conexiones a Internet. Este satélite permite a cualquiera con un plato y un equipo relativamente económico conectarse para descargar la blockchain de

Bitcoin con comunicaciones bidireccionales que llegarán pronto. Hay algunos otros proyectos en marcha como TxTenna para construir redes malladas (*mesh*) fuera de la red. Cuando juntas TxTenna con una conexión satelital, este tipo de configuración sería prácticamente imparable.

Para saber más

Esto es todo. Has hecho el esfuerzo de leer Inventemos Bitcoin y espero que te hayas levantado al otro lado con ganas de aprender más. ¿A dónde deberías ir desde aquí? Aquí hay unos cuantos recursos para que sigas investigando:

Para saber más sobre los aspectos económicos de Bitcoin:

- *El Patrón Bitcoin,* de Saifedean Ammous
- *Bitcoin Investment Theses,* de Pierre Rochard https://medium. com/@pierre_rochard/bitcoin-investment-theses-part-1-e97670b5389b
- *The Bullish Case for Bitcoin,* de Vijay Boyapati https://medium. com/@vijayboyapati/the-bullish-case-for-bitcoin-6ecc8bdecc1
- Para niños: *Bitcoin Money*, de Michael Caras

Para profundizar más en la programación de Bitcoin:

- *The Bitcoin Whitepaper,* de Satoshi https:// bitcoin.org/bitcoin.pdf
- *Mastering Bitcoin,* de Andreas Antonopoulos
- *Programming Bitcoin,* de Jimmy Song
- El seminario de Jimmy Song en https://programmingblockchain.com

Para profundizar en la historia y filosofía de Bitcoin:

- *Planting Bitcoin,* de Dan Held https://medium.com/@danhedl/planting-bitcoin-sound-money-72e80e40ff62,
- *Bitcoin Governance,* de Pierre Rochard https://medium.com/@pierre_rochard/bitcoin-governance-37e86299470f
- *Bitcoin Past and Future,* de Murad Mahmudov https://blog.usejournal.com/bitcoin-past-and-future-45d92b3180f1
- Todos los videos de Andreas Antonopoulos, especialmente *Currency Wars* y *The Monument of Immutability*, en https://www.youtube.com/user/aantonop

Una gran parte del ecosistema de Bitcoin vive en Twitter. Aquí te presento a una serie de personas sin ningún orden en particular que sería bueno que siguieses. Empieza aquí y luego continúa buscando por tu cuenta:

@lopp

@pwuille

@NickSzabo4

@adam3us

@danheld

@TraceMayer

@pierre_rochard

@bitstein

@theonevortex

@AlenaSatoshi

@WhatBitcoinDid

@stephanlivera

@TheBlock_

@TheLTBNetwork

@real_vijay

@jimmysong

@Excellion

@starkness

@dickerson_des

@roasbeef

@saifedean

@Melt_Dem

@_jillruth

@giacomozucco

@Snyke

@aantonop

@MustStopMurad

@danheld

@peterktodd

@dergigi

@skwp

Puedes saber más sobre las cosas que escribo en yanpritzker.com.

---

1. Lee aquí más sobre el así llamado fork Segwit2X que se planeó en acuerdos fuera de los focos y que terminó siendo cancelado: https://bitcoinmagazine.com/articles/now-segwit2x-hard-fork-has-really-failed-activate

AGRADECIMIENTOS

Gracias a todas las personas que me dieron feedback durante los primeros borradores de este libro; en particular: Joe Levering, Phil Geiger, Yury Pritzker, Jonathan Wheeler, Walter Rosenberg y Michael Santosuosso.

Gracias a Jimmy Song por el seminario "Programming Blockchain", que me dio la *patada en el culo* que necesitaba para empezar a escribir este libro.

ACERCA DEL AUTOR

Yan Pritzker ha sido desarrollador y emprendedor en startups durante los últimos 20 años. Más recientemente, ha sido co-fundador y CTO de Reverb.com donde dirigió tecnología e infraestructura desde 2012-2018. Hoy está enfocado en la formación sobre Bitcoin y consultoría para startups en fase temprana.

Yan escribe sobre Bitcoin y temas relacionados en yanpritzker.com

También puedes seguirle en Twitter: @skwp